光尘
LUXOPUS

了不起的女子

侯虹斌 著

| 推荐序 |

不坠独立自主之志，女性才能做到"了不起"

拜读侯虹斌这本书后，我理解了书名为何叫"了不起的女子"，而不是"杰出的女子"或"成功的女子"。

"杰出"或"成功"仅是一种事实描述，可以用来概括一位男士或女士的人生。自人类告别母系社会，特别是进入到农耕文明时代以来，东西方都经历了漫长的男权社会。一位女性要在公共领域取得被认可的成就，需要付出的艰辛和承受的代价，比男性要大得多，以"了不起"来概括更为精准。对女性而言，"了不起"三个字也格外沉重。

本书讲述了中外历史上30位了不起的女子，她们中间有政治家、科学家、文学家、艺术家，所处时代最早者是被称为"埃及艳后"的克利奥帕特拉七世，最晚者为1969年出生的谢丽尔·桑德伯格。公众对这些女性并不陌生，她们的事迹早已广为流传。这本书是普及类历史读物，要把大众所共知的故事讲出新意，殊为不易。作者在诠释并不新鲜的故事时，有着不同于以往的解读角度和思想深度，从而使旧事具有新意。我认为这本书中作者抓住了这 30 位了不起的女子的共同点：她们自主意识的觉醒以及对自主意识的坚守。出众的才华、独立的思想、自由的灵魂、平等的姿态、坚强的意志，这些因素叠加起来，才铸就了这些女性各自充满荆棘而不同凡响的人生之路。

在漫长的历史长河里，各个民族涌现的有才华的女子如恒河沙数，不同时代、不同民族的女性取得功利层面的成功也很多。在过去数千年的人类文明史中，东西各个民族虽有着不同的历史进程和文化背景，却几乎共同选择了以男性为中心、女性为依附的社会秩序建构。在这样的社会形态中，大多数女性只能把才华和能力用在相夫教子，即对家庭内部事务的管理上。如本书第一篇所写的"千古第一才女"李清照，她因为各种机缘巧合得以让自己的作品广为传播，成为中国文学殿堂上可以和"李杜""苏辛"并驾齐驱的文豪。而在中国古代，像李清照这样有才华的女性应该不少，但大多数只能把才华和岁月蹉跎在家庭之内。《红楼梦》中的探春感叹自己的命运："我但凡是个男人，可以出得去，我必早走了，立一番事业。"《儒林外史》中的鲁小姐在父亲鲁编修的教导下，写得一手好八股文。鲁编修常常叹道："假若是个儿子，几十个进士、状元都中来了！"空有一身才学的鲁小姐只能把蟾宫折桂的希望寄托在夫婿和未来的儿子身上。探春和鲁小姐虽是小说中的人物，但可看作中国古代众多有才能却被剥夺参与社会管理和公共表达权利的女性代表。

在古代中国——也包括其他大多数国家——女性在世俗层面的成功必须依附男人——辅佐好丈夫，教导好儿子。女性"在家从父，出嫁从夫，夫死从子"，遵从"三从"的社会秩序是女性取得世俗成功的前提，所谓"妻以夫贵，母以子贵"。女性独立获得的荣耀与成功是稀缺的,因而传统中国的国史、方志、家谱为女性立传,所表彰的大多数是"贞妇烈女",旌表她们能牺牲自己的才华、青春甚至生命去维护压制女性权利、消融女性自主意识的社会秩序和道德规范。鲁迅在《我之节烈观》中说:

> 只有自己不顾别人的民情,又是女应守节男子却可多妻的社会,造出如此畸形道德,而且日见精密苛酷,本也毫不足怪。但主张的是男子,上当的是女子。女子本身,何以毫无异言呢?原来"妇者服也",理应服事于人。教育固可不必,连开口也都犯法。他的精神,也同他体质一样,成了畸形。所以对于这畸形道德,实在无甚意见。就令有了异议,也没有发表的机会。

因此,中国传统戏曲评述成功女性的故事,其套路往往是丈夫早逝后,妻子含辛茹苦地将儿子拉扯大,想尽一切办法供儿子读书,争气的儿子科考高中、仕途顺遂,老母亲得到了诰封,安度晚年。对女性的评价,即在于她是否做好男权社会给她分配的社会角色。

《了不起的女子》所选取的30位中外女子,她们中多数也有寻常女性的爱情、婚姻,但与传统社会标准中的成功女性所不同的是,这些人都以独立自主的姿态载入史册。她们无论在政治领域,还是在文艺、科教、企业界,都用尽气力挣脱男权社会对女性种种制度的、道德的、文化的束缚而获得成功。虽然其中有些人,不乏在早期不得不适应男权社会的制度安排、借用男人的力量获得资源,比如中、俄历史上两位女皇武则天和叶卡捷琳娜大帝,都是靠嫁给帝王得以进入权力中枢，进而掌握最高权力。然而，她俩和历代有作为的太后不一样，不是通过控制当皇帝的儿子才掌握皇权的，而是自己拥有皇帝的名号，不假其他男人之手，独立地行使最高权力。

欧美从工业革命开始，中国则从清末民初新思潮兴起，经济形态和社会结构的变化促使男女平权成为一项代表文明与进步的社会运动。女性的自主意识和权利意识虽不断被唤醒，并在社会各个层面付诸行动，但道路依然是曲折而坎坷的。本书中所讲述的生活在法国19世纪上半叶的伟大作家乔治·桑，雨果夸赞她："乔治·桑在我们这个时代具有独一无二的地位。其他的伟人都是男子，唯独她是伟大的女性。"乔治·桑喜欢身着男装、口里叼着雪茄，这样的公共形象是一种宣示，宣示她要拥有和男性平等的权利。在古代，男装实质上是一种男性特权的标识，女子偶尔进入公共社会，不得不女扮男装。如《浮生六记》中的芸娘，穿着男装和夫君沈三白一起游虎丘，被视为伤风败俗之举，公婆为之震怒。西方经过工业革命，中国到清末民初，一些女性不再假扮男性，而是公然以着男装示人，如乔治·桑和秋瑾，可视为女性对平等参与公共事务的强烈要求。

作者在书中介绍了几位生长在民国时期的女子，如阮玲玉、董竹君、张幼仪、张爱玲。她们的人生处在中国社会大转型期间女性开始主张平等权利的过渡阶段，因而她们所经受的冲突和磨难甚于前辈——前一代的女性大多数安于生活在男尊女卑的社会环境中，也大于后辈——下一代女性生存环境有了较大的改观。

毋庸置疑，中华人民共和国成立后，束缚、压迫中国女性的制度性障碍得以消除，女性权利保障好于以往任何一个历史时期。但是我以为仍然有两个问题值得关注：一是将无视性别导致的生理差别和必要的社会分工理解为男女平等，一度"铁姑娘"大行其道，而忽视了保护女性权利最重要的是尊重女性个体自由选择的权利；二是相比于制度，文化习俗、社会环境的变化总是滞后而缓慢的，我们必须承认，在社会各个领域，女性相比男性在权利保障上仍然处于弱势。不仅仅是女性，男性也应当重视男女平权这一重大社会问题。强调男女平等和保护女性权利并不是主张男女对立，最终要保护的是不论男女每一个体所平等享有的基本权利。不回避社会中还存在男女不平等、女性处于弱势甚至性别冲突等话题，才是一个文明、开放社会的常态。

这30位了不起的女子生活在不同的历史时期，把她们的人生故事串联起来，大致能看出人类社会发展到今天，女性要实现权利突围，自主意识是多么重要，而这条越走越宽阔的路则是以一代代既平凡，又了不起的女子的牺牲和奋斗铺垫而成的。这是我从这本书中所读到的弦外之音。

侯虹斌嘱我为此书作序，以才力不逮推辞而未获准，故勉强为文，权当弁言。若言不及义，还请作者和读者海涵。

十年砍柴

2021年10月7日于北京

目录

|才|情|篇|

李清照	"生当作人杰"的女中豪杰是怎么炼成的？	003
张爱玲	民国世界的临水照花人	013
林徽因	永远的沙龙女主人，永远的建筑学家	023
阿加莎·克里斯蒂	在她创造的世界里，无人生还	032
乔治·桑	肖邦与缪塞的灵感缪斯	041
弗里达	她的身体破碎了，她的灵魂完整了	051
杜拉斯	毕生用爱来抵挡太平洋的堤岸	060

气 场 篇

武则天	女人通往权力之路上，到底要打败多少男人？	071
埃及艳后	靠美色与智慧保全了一个王朝	080
伊丽莎白一世	嫁给英格兰，开启大英帝国的黄金盛世	089
叶卡捷琳娜大帝	利用男人的效忠走向辉煌的女沙皇	098
凯瑟琳·美第奇	从"傻白甜"到毒蛇王后	109

能 力 篇

董竹君	把锦江饭店献给新中国	121
张桂梅	用生命托举着困境女学生走出乡村，改变命运	129
南丁格尔	挽救无数生命的提灯天使	139
金斯伯格	改变美国女性的"异见大法官"	148
奥普拉·温弗瑞	世界上最有权势的黑人女性	157
谢丽尔·桑德伯格	美国硅谷最有影响力的女人	166

| 气 | 质 | 篇 |

阮玲玉	默片时代最伟大的演员,却死于"人言可畏"	175
孟小冬	京剧"冬皇"与梅兰芳、杜月笙的爱恨姻缘	185
可可·香奈儿	一个改变全世界审美的女人	195
奥黛丽·赫本	降落人世的最美天使	204
玛丽莲·梦露	越性感,越孤独	214
戴安娜王妃	从天真少女到大不列颠的人民王妃	225

| 智 | 慧 | 篇 |

张幼仪	离开徐志摩,她成为上海滩一代银行家	239
杨绛	最才的女,最贤的妻	249
波伏瓦	比萨特影响力更大的作家	259
居里夫人	一个时代配不上她的女科学家	270
屠呦呦	拯救百万人的青蒿素之母	280
吴健雄	核物理女王,原子弹的助产士	290

才情篇

李清照
"生当作人杰"的女中豪杰是怎么炼成的?

李清照曾有一篇《词论》,讽尽柳永、晏殊、欧阳修、苏轼,又嘲笑王安石、晏几道、贺铸,连秦观、黄庭坚也不放过。在她的笔下,"一个能打的都没有"。

要是别人,敢这么大言不惭,恐怕早被人笑掉大牙了。但是,李清照对这些闻名遐迩的大诗人的冷嘲热讽,居然还让人觉得有道理。只有她,有这个资格。

早在少女时代,李清照就已显现出过人的艺术才华和深厚的文史功底。一时兴起,她可以脱口而出"兴尽晚回舟,误入藕花深处。争渡,争渡,惊起一滩鸥鹭";情到心间,她执笔写下"试问卷帘人,却道海棠依旧。知否?知否?应是绿肥红瘦"。

不过,别以为李清照只能是这般生动伶俐的小女儿之态。她的父亲李格非,进士出身,宋神宗时期在朝为官,曾是苏东坡的学生;母亲是名门闺秀,是前朝状元王拱辰的孙女,善文学。

从这样的家庭中出来的李清照,被称赞"中郎有女堪传业",也不足为奇了。

当时,年仅十七八岁的李清照,还很有政治见解和眼光。当有诗人吟诵纪念平定"安史之乱"的中兴颂碑碑文时,她马上就写了两首诗来应和:

夏商有鉴当深戒,简策汗青今具在;
君不见当时张说最多机,虽生已被姚崇卖。

君不见惊人废兴传天宝,中兴碑上今生草。
不知负国有奸雄,但说成功尊国老。

赋诗,以咏史言志,这本来是男性的专利,难以想象,一个少女也能拥有这样的政治眼光。她的历史见识和政治眼光甚至超过了许多在朝为官的士大夫。朱熹读到这样的诗,也啧啧称奇:"如此等语,岂女子所能?"

很快,李清照的才华便在士大夫之间流传。吏部侍郎赵挺之的儿子赵明诚,当时还是个太学生,他对父亲说,自己睡觉时做了个梦,梦里有本书,醒来后,只记得其中三句:

言与司合,安上已脱,芝芙草拔。

赵挺之给儿子分析说:"你不就是想等着一位能写文章能写词的女子吗?'言'与'司'合是词字,'安上已脱'是女字,'芝芙草拔'是之夫二字。这不就是说你想当'词女之夫'嘛！"

这个故事记载在元代伊士珍所著的《琅嬛记》里。赵挺之知道儿子中意的这个著名"词女"就是李清照，于是，便替赵明诚向李家提亲了。

很有可能，当年的两人曾经见过。

李清照写过一首词：

蹴罢秋千，起来慵整纤纤手。露浓花瘦，薄汗轻衣透。
见客入来，袜刬金钗溜。和羞走，倚门回首，却把青梅嗅。

这首词活灵活现地展现了一个少女的天真和情窦初开：这天，她在后院荡秋千、拨弄花枝，突然听到门外有声响，有客人来了。而且，这位客人应该是一个可爱的少年。哎呀，可不能让他看到自己。李清照顾不上穿鞋，穿着袜子转身就走，连头上的金钗都滑落了下来。她含羞跑开，要走，又不舍得走，倚靠着门悄悄回头看，只闻到一阵青梅的香气。

后世的研究者都猜测，这很可能就是李清照与赵明诚的第一次见面，这首词把少女思春的情态写得憨态可掬。

年纪轻轻的赵明诚，凭着金石收藏的学问，早有一定的名气。他对官场党争并不感兴趣，而是醉心于学问研究中。这样的人，正是李清照这种以才华闻名的官宦女子的良配。虽然赵家与李家是政敌，但是为了孩子，两家还是结为了亲家。

18岁的李清照嫁给了21岁的太学生赵明诚，门当户对，两情相悦，再没有比他们更好的神仙眷侣了。

这时的李清照，与赵明诚好得可谓蜜里调油，所以写下了这样情意绵绵的新婚词：

> 卖花担上，买得一枝春欲放。泪染轻匀，犹带彤霞晓露痕。
> 怕郎猜道，奴面不如花面好。云鬓斜簪，徒要教郎比并看。

后来，赵挺之去世，赵明诚也被诬陷、罢官，赵明诚只好带着李清照回到了山东青州老家。

李清照与赵明诚暂居青州的"归来堂"，家中的书籍、字画、碑帖、青铜鼎彝之器，堆积如山。他们经常反复观赏点评，废寝忘食，一看就到了深夜。于是不得不定下规矩，"夜尽一烛为率"，一支蜡烛烧完后就必须休息了。

对于这段日子，李清照有一些很美好的回忆：

> 在青州时，我们经常比赛记忆力。每次吃完饭，坐在归来堂，对着那些堆积如山的书，我与明诚打赌，说某事在某卷第几页第几行，谁说对了谁就先饮茶。可惜呀，我虽中了，却高兴过头，举杯大笑，整杯茶都翻倒在怀中，反不得饮。
>
> 就这样，人在狼藉之中，乐却在声色犬马之上，明诚与我共同勘校，整理题签，把玩器物。甘心老是乡矣。

在青州的10年，赵明诚完成了金石学著作《金石录》，里面也有李清照的功劳。而在青州，李清照也作了不少词。她曾在给赵明诚的信中写了一首词，而正是这首词，让赵明诚对妻子的才华又羡又妒：

易安填了一阕《醉花阴》给我，思念我至真、至情、至切，我反复吟诵、感动，又叹息、不安。莫非我三岁能文，十七岁以才华冠绝闻名，竟不如妻？

我闭门谢客三日，日日夜夜捻须、作词，落笔写下，又划去，再写、再划，终得词数十阕，与陆德夫品评。

德夫却说："五十首词里，只有三句最好。"

我心中甚是紧张，问："哪三句？"

德夫说道："莫道不销魂，帘卷西风，人比黄花瘦。"

我掷笔，拍案，叹息："终是不如易安！"

在那个时代，如胶似漆，浓情蜜意，这种难得的平等之爱，就像是童话，到底无法长久。

婚姻时间长了，问题就浮现出来了。李家与赵家虽同朝为官，却身处敌对阵营。据史料记载，李清照的父亲李格非在残酷的党争中被排挤，李清照曾向正得势的公公求助。赵挺之有没有帮忙呢？看看李清照后来给公公写过的诗，里面有一句是"炙手可热心可寒"，我们就明白了。言下之意，就是李清照对赵家人心冷了。

另外，在数年的蜜月期过去之后，李清照并没有生孩子。此时，赵明诚也升了官，和其他寻常官宦一样，蓄养侍妾和歌伎。这成了他们婚姻的又一道裂缝。

但接下来，更大的灾难来了。1127年，金人入侵都城汴京，掠走了宋徽宗、宋钦宗二帝，赵宋王朝匆匆南逃，李清照一家也漂泊不定。南渡第二年，赵明诚被任为江宁知府，李清照跟随丈夫到了南京。

一年后，御营统制官王亦叛乱。此事被下属李谟察觉，并向赵明诚做了汇报；但赵明诚似乎并没有把它放在心上，也没有指示应对措施。于是，李谟自行布阵，以防不测。晚上，王亦果然造反，纵火攻城，却被有所准备的李谟成功击败。天亮时，李谟却找不到赵明诚了。

原来在叛乱初始，听到声响的赵明诚就带着两个手下，利用绳子，趁着夜色，从城墙上爬出去逃跑了。

要知道，李清照此时还在城内。如果不是李谟早有准备，尽忠职守，李清照和全城百姓早就身陷险境了。

叛乱被平定之后，赵明诚被朝廷革职。面对丈夫弃城而逃的事实，敏感的李清照心里想必不是滋味。

两人经过乌江，也就是项羽兵败自刎的地方，李清照情不自禁地吟道：

生当作人杰，死亦为鬼雄。
至今思项羽，不肯过江东。

不知道赵明诚听到诗句，心里作何感想呢。

1129 年，赵明诚奉旨去湖州做官，但在此之前，要回建康（江宁府改名为建康）觐见宋高宗，解释自己从江宁府逃命的原因。这件事对于赵明诚来说，既尴尬，又耻辱，但是，我们却不得不说，他活该。

赵明诚与李清照也到了分别的时候，在李清照所写的《〈金石录〉后序》当中，她对当时的情形记忆犹新，耿耿于怀：

我们分别的那天,你坐在岸上,穿着夏天的布衣,头上扎着头巾,精神如虎,目光明亮,望着船内,向我告别。

你看起来还是那么潇洒。但是,想到你曾经弃城逃走,弃我而去,弃满城百姓于不顾,眼前的你忽然又面目可憎了。与我同床共枕的,却是个贪生怕死的懦夫,叫我如何再吟诵诗篇?到处都是战乱,我既慌乱又难过,问你:"德甫,如果在城里,我碰到紧急状况该怎么办?"

但你的回答让我更难过了,你说:"不会有事的。别想太多。万一有事,你就随大家一起逃走吧。如果遇到紧急状况,就扔掉包裹行李;再不行,你就扔掉衣服被褥;还不行,你就扔掉书籍卷轴;实在不可避免时,就扔掉古董器皿。但是,那些宗室礼器,你要牢牢抱着,与它们共存亡,器在人在,器亡人亡。切记切记!"

看着你纵马而去,头也不回,我的心亦如灰烬一般,随风散去。

李清照心里很难过,不仅因离别,还有对这段20多年的感情的怀疑。人不如物?在你心中,我的死活并不重要吗?你肩负守城重任,却临阵逃脱,令天下耻笑,却要一弱女子在千里战火中,护送数十年的器物珍玩,与之共存亡?可笑,可叹!

李清照作为一个早已声名远扬的诗人,写下"南渡衣冠欠王导,北来消息少刘琨"的豪迈诗篇,但自己曾深爱的丈夫却如此狗苟蝇营,贪生怕死,这让她无地自容,让她的诗歌更无地自容。

但这还不是最糟的。不久之后的1129年8月,赵明诚在路上病故。9月,金兵南犯。宋高宗赵构逃亡,从建康一路逃到了温州,文武百官也跟着逃命。李清照带着十多车沉重的书籍文物,开始了流亡生涯。她依然惦记着赵明诚的吩咐,极力保护着辎重与文物。

然而,战火纷飞,舟车劳顿,李清照带着巨大的累赘,四处流离,无枝可依。一箱箱的文物、书籍、鼎器,烧的烧、丢的丢、抢的抢、偷的偷……不仅各方盗贼想谋这些宝藏,连宋高宗本人都想强行勒索,后来在其他人的斡旋之下才作罢。

在朝不保夕的战乱期间,一个寡妇很难保全自己。更何况,李清照的身体每况愈下,需要有人来照顾。

据李清照所言,当时她已病到牛蚁不分,做后事用的棺材的石灰和铁钉都准备好了。虽然尝药有弟弟李迒代劳,看守门户有老仆人,但毕竟还是需要有照顾自己的人。

这时,一个叫张汝舟的人走进了李清照的视线。虽然他的官很小,只是一个监诸军审计司从八品的承奉郎,但他看起来是个彬彬有礼的君子,对李清照比较殷勤。当时生病的李清照和她的弟弟,相信了张汝舟的巧舌如簧,觉得他是一个可靠的人。情急之下,她答应了这门婚事。

李清照身体稍为恢复之后,与张汝舟成婚了。但婚后不久,张汝舟就原形毕露了。

原来,他看上的只是李清照的名声和财产。他以为,赵明诚是当时最有名的金石学家和收藏爱好者,一定给李清照留了价值不菲的珍宝。可实际上,由于战乱,一路流浪,李清照手里的珍宝已所剩无几了。何况,她那般有气节的女子,怎么可能那么顺从听话?

没有达成目的的张汝舟,多次殴打李清照。虽然结婚才一百天,但李清照已无法忍受,她要离婚!

她愤怒地写道:

> 我怎会在自己的晚年,以清白之身,嫁给一个这么肮脏低劣的市侩之徒?此身已经与这个臭不可闻的人在一起了,只希望早日脱身离去。因为金石收藏,我成了怀璧之身,张汝舟已经动了杀人夺宝之心。他肆意欺凌我,每天都对我进行殴打,可怜我像刘伶①一样脆弱的身体,怎能抵挡他如石勒②一般的拳头!

在宋朝,妻子不能休夫,除非告发丈夫有罪。李清照想起来,张汝舟屡试不第,曾利用宋朝"参加过十五次科举的考生一律赐出身"这个制度,谎报参加科举的次数,骗了一个官当。但是,当时的制度规定,妻告夫,妻是要坐2年牢的。

即便如此,李清照也要告倒张汝舟!她鼓足勇气,向官府揭发了张汝舟早年在科举考试中舞弊之事。

这件事在当时引起了轩然大波,宋高宗也亲自过问,让廷尉审判,李清照则戴着脚镣手铐与张汝舟当堂对质。后经查实无误后,张汝舟被判流放,而李清照也依律坐牢。

这时候,一个叫綦崇礼的翰林学士,也是赵明诚的表弟,他深受宋高宗器重,帮李清照奔走说情。李清照坐了9天的牢,就提前

---

① 刘伶:魏晋时期名士,"竹林七贤"之一;长期酗酒,消极颓废,身体很差。
② 石勒:十六国时期后赵开国皇帝,壮健雄武,善骑射。

出来了。

这个故事最早见于宋人赵彦卫的《云麓漫钞》卷十四，其中收录了李清照写的一封信《投内翰綦公（崇礼）启》。李清照在信中描述了整件事的来龙去脉，并感谢綦崇礼第一个站出来为她洗脱冤情。

不过，明清之人大多称这封信为"伪作"，也不承认李清照改嫁。今人多以这封信作为李清照改嫁的物证，把这封信当作研究李清照的重要资料。但不管李清照的情感经历如何，都无损于她的伟大成就。

接下来，李清照全身心地投入到了《金石录》的编写中。

国破家亡、晚节不保、名誉扫地、身心俱疲……李清照没能因为她过人的才华而获得命运的厚待。她身上集中了亡国知识分子的痛苦：有亡国之臣无忠可效的悲哀，有第一任丈夫的大节有亏带给她的羞愧，有第二任丈夫品行龌龊带给她的羞辱，还有身陷囹圄带给她的教训。但这一切，皆无损她"千古第一才女"的风采。

在中国2000多年的文学史当中，成就最高的女性作家、词人，非李清照莫属。南宋的文学批评家王灼曾在《碧鸡漫志》中夸赞李清照："才力华赡，逼近前辈，在士大夫中已不多得。若本朝妇人，当推文采第一。"婉约时如惺惺女儿态，豪迈时则能力透纸背，毫无疑问，李清照是大宋留给中国文学史最美的一份礼物。

张爱玲
民国世界的临水照花人

1995年9月8日,张爱玲被发现在美国的一所公寓中去世。5天后,《纽约时报》刊登了张爱玲去世的消息,《洛杉矶时报》更是做了详细报道:"张女士非比寻常,如果不是生逢国共政治分裂之际,必然已经赢得诺贝尔文学奖。"

张爱玲的一生充满传奇,起点就与众不同。她出身极其显赫,祖父张佩纶曾在中法战争中会办福建海防事宜,兼署船政大臣,祖母李菊藕是李鸿章的长女,父亲张廷重是家中独子,母亲黄逸梵是首任长江水师提督黄翼升的孙女。但1920年张爱玲出生时,这个家庭却丝毫谈不上幸福。

幼年张爱玲眼里看到的,是父亲张廷重不光吃喝嫖赌样样精通,还吸大烟、打吗啡、娶姨太太。母亲黄逸梵反抗无效,只得撇下两个年幼的孩子,跟小姑子一起出国留学。

等到父亲病重,把姨太太赶走了,母亲这才回来。可父亲被侍候好了，康复了，就一心只想逼要母亲的钱，两人又开始没完没了地吵架。一番打打闹闹之后，母亲终于决定离婚出国，父亲也再娶了姨太太。

少女时期的张爱玲在父亲和继母的尖酸刻薄和家暴中，终于熬到了中学毕业。17岁那年，张爱玲被继母冤枉，父亲对她拳打脚踢，打得张爱玲倒地不起，还扬言要一枪崩了她。自此，张爱玲被锁在一个空房间里，煎熬度日。但她没有放弃，坚持每天锻炼身体，希望有一天能够逃走。

可事情总是来得猝不及防。张爱玲突发痢疾，父亲却不给她请医用药，令她差点儿死在那个房间里。生病的那半年，她的文字就像房间里的那扇窗子，落寞不堪：

> 花园里养着呱呱追人啄人的大白鹅，唯一的树木是高大的白玉兰，开着极大的花，像污秽的白手帕，又像废纸，抛在那里，被遗忘了。大白花一年开到头。从来没有那样邋遢丧气的花。

后来，张爱玲终于找到机会逃到了母亲那里。她开始补习，准备报考伦敦大学。不久之后，她的弟弟也从父亲那里逃了过来，还带着一双篮球鞋。但母亲却说，自己只负担得起一个人的教养费，弟弟只好又带着那双篮球鞋，哭着回去了。

在《私语》里描述少女时期的时候，张爱玲是压抑的：

> 我母亲是为我牺牲了许多，而且一直在怀疑着我是否值得

这些牺牲。我也怀疑着。

常常我一个人在公寓的屋顶阳台上转来转去，西班牙式的白墙在蓝天上割出断然的条与块，仰脸向着当头的烈日，我觉得我是赤裸裸地站在天底下了，被裁判着，像一切惶惑的未成年人，因于过度的自夸与自鄙。

因为学习好，张爱玲的自信心日益增强，直到16岁时，母亲从法国回来。睽违多年的女儿被她研究了一番之后，信心一下子被击碎了。

在《我的天才梦》里，母女俩短兵相接：

母亲说："我懊悔从前小心看护你的伤寒症，我宁愿看你死，不愿看你活着使你自己处处受痛苦。"

我发现我不会削苹果，经过艰苦的努力我才学会补袜子。我怕上理发店，怕见客，怕给裁缝试衣裳。许多人尝试过教我织绒线，可是没有一个成功。在一间房里住了两年，问我电铃在哪儿我还茫然。我天天乘黄包车上医院去打针，接连三个月，仍然不认识那条路。总而言之，在现实的社会里，我等于一个废物。

我母亲给我两年的时间学习适应环境。她教我煮饭；用肥皂粉洗衣；练习行路的姿势；看人的眼色；点灯后记得拉上窗帘；照镜子研究面部神态；如果没有幽默天才，千万别说笑话。在待人接物的常识方面，我显露惊人的愚笨。我的两年计划是一个失败的试验。除了使我的思想失去均衡外，我母亲的沉痛警告没有给我任何的影响。

母亲黄逸梵还经常说出"这周没去喝咖啡,都是为了你""这月没添新衣服,都是为了你"这样的话,责备张爱玲是个"害人精"。

张爱玲在小说《小团圆》和散文里,对这段母女关系失望至极:

> 母亲对我的杀伤力与父亲那把未射出子弹的手枪,不相上下。我痛恨向她讨要生活费的自己。
>
> 我在学校吃最便宜的饭菜,不坐车走很远的路去补课。在学校,我过得相当艰难。
>
> 有老师送给我800元,权当奖学金。当我将这个消息开心地与母亲分享的时候,母亲当晚就打牌把这笔钱输掉了。那是世界上最值钱的钱,可以支撑我一学期的生活费。甚至,她还怀疑我的清白,在洗澡时闯入浴室,检查我的身体。
>
> 从这一刻起,我就知道,我不可再信任这个女人。
>
> 母亲有不同的男友,熟练地打包行李,妥妥帖帖,方便她随时拎包去欧洲旅行。可她就是不问我,一个女学生,没有学费、生活费怎么办?
>
> 大三,我想读完书,在欧洲的母亲没有寄钱回来,只催我赶快嫁人,她对我说:"如果要早早嫁人的话,那就不必读书了,用学费来装扮自己;要继续读书,就没有余钱兼顾到衣装上。"

母女关系破裂后,过了很多年,张爱玲把钱换成了二两小金条,还给了母亲黄逸梵,以此感谢她的养育之恩。

黄逸梵在伦敦病故前,曾托人给张爱玲说:"我现在唯一的愿望就是见你一面。"张爱玲在美国,不知这是最后一面,不想见母亲,只是寄了一张 100 美元的支票过去。

张爱玲对这段母女关系感到绝望,她甚至表示:

> 我自己将来也没有好下场。我不会生孩子的,怕孩子替母亲报复我。

1942 年,张爱玲回到上海,开始了写作生涯,风格迅速成熟。《沉香屑·第一炉香》是张爱玲发表的第一部小说,在上海文坛一炮打响。接下来,《沉香屑·第二炉香》《心经》《倾城之恋》《金锁记》《红玫瑰与白玫瑰》这些名篇陆续发表。很快,张爱玲走红了,那时她才 24 岁。

正如她所想象的:

> 等我的书出版了,我要走到每一个报摊去看看。我要问报贩,装出不相干的样子:"销路还好吗?太贵了,这么贵,还有人买吗?"呵,出名要趁早啊,来得太晚的话,快乐也不那么痛快了。

年轻的张爱玲,在春风得意马蹄疾的时候,遇到了胡兰成。

那时,胡兰成任职于汪精卫伪政府。作为一个 38 岁、自恃才华横溢的中年男人,他在南京翻读杂志时,忽然被一篇文章吸引了,读了一遍又一遍。这就是张爱玲写的《封锁》。于是,他立即写了一封信给张爱玲的朋友苏青,对这篇小说大加赞许,并表示非常想认识这位作者。

经过苏青的引荐,胡兰成一回到上海,就登门拜访了张爱玲。两人一谈就是5个小时,喁喁私语无尽时。

胡兰成在《今生今世》里写了他们初见时的欢喜:

> 第二天我去看张爱玲。她房里竟是华贵到使我不安,那陈设与家具原简单,亦不是很值钱,但竟是无价的,一种现代的新鲜明亮几乎是带刺激性的。阳台外是全上海在天际云影日色里,底下电车当当的来去。张爱玲今天穿宝蓝绸袄绔,带了嫩黄边框的眼镜,越显得脸儿像月亮。
>
> 我在她房里亦一坐坐得很久,只管讲理论,一时又讲我的生平,而张爱玲亦只管会听。我向来与人也不比,也不斗,如今却见了张爱玲要比斗起来。但我使尽武器,还不及她的只是素手。

紧接着,胡兰成每次回上海,不回自己家里,先来看张爱玲,踏进房门就说"我回来了"。一连七八日,仿佛世间再无别人。

24岁的张爱玲也沉浸在她的第一次恋爱中。

> 他坐在沙发上,房里有金粉深埋的宁静,外面风雨琳琅,漫山遍野都是今天。静静的,都是欢喜。
>
> 他写过"张爱玲是民国世界的临水照花人"。因为懂得,所以慈悲。
>
> 于千万人之中遇到我所要遇到的人,于千万年之中,时间

的无涯的荒野中,没有早一步,也没有晚一步,刚巧赶上了。

我想过,他将来就是在我这里来来去去亦可以。

当时,胡兰成是汪精卫伪政府的官员,被斥为"汉奸";而且,他在老家还有妻室。张爱玲并没有介意,她只想要这片刻的安稳。

最终,胡兰成和当时的妻子离婚,转身与张爱玲签订了一纸婚书:"胡兰成与张爱玲签订终身,结为夫妇。愿使岁月静好,现世安稳。"不过,这场婚姻维持的时间很短。

1944年年底,汪伪政权岌岌可危,胡兰成说:"将来日本战败,我大概还是能逃脱这一劫的,就是开始一两年恐怕要隐姓埋名躲藏起来,我们不好再在一起的。"说完就在湖北找了个事做,逃难去了。

张爱玲没有想到,逃到湖北武汉的胡兰成,没过多久就和17岁的护士小周在一起了。为了让小周安心,胡兰成还和她举行了婚礼。后来,他才向张爱玲宣告小周的存在。张爱玲大为震惊,但胡兰成却明确表态:他两边都放不下,也不肯放下。

此时,日本投降,胡兰成的大难来了。他改名换姓,逃到了温州,化名张嘉仪,称自己是张爱玲祖父张佩纶的后人。就在这条逃难路上,他居然又和同学的庶母范秀美好上了。

这时候,已有半年未曾见过胡兰成的张爱玲,竟一路寻着他来到了温州。虽然三人谁也不说破,但张爱玲还有什么看不懂的?她只觉得范秀美的眉眼神情,越来越像胡兰成——她心里很难过。

终于,痛定思痛的张爱玲决意分手,离开了。几个月后,她写信给胡兰成:"你不要来寻我,即或写信来,我亦是不看的了。"随信还附上了自己的 30 万元稿费。张爱玲说:"我想过,我倘使不得不离开你,亦不致寻短见,亦不能再爱别人,我将只是萎谢了。"

多年后,61 岁的张爱玲在给友人的信件中写道:"同时得到 7000 美元的稿费和胡兰成的死讯,对我来说都是生日礼物。"可见,这段感情在她心中早已灰飞烟灭。

中华人民共和国成立后,张爱玲曾受邀参加上海文代会,以"梁京"为笔名,在报纸上连载小说《十八春》,再次引起轰动。1952 年 7 月,在拿到香港大学入学通知 3 个月后,张爱玲来到了香港,这年她 32 岁。

这时,距离张爱玲在香港大学读书已经过去了 10 年。这让我想起她在自己最有名的小说《金锁记》里的一段话,令人无限感慨:

> 我们也许没赶上看见三十年前的月亮。年轻的人想着三十年前的月亮该是铜钱大的一个红黄的湿晕,像朵云轩信笺纸上落了一滴泪珠,陈旧而迷糊。老年人回忆中的三十年前的月亮是欢愉的,比眼前的月亮大,圆,白;然而隔着三十年的辛苦路往回看,再好的月色也不免带点凄凉。

在香港,张爱玲待了 3 年后,坐船去了美国。她在美国拿到一个文艺营的补助,继续写作。这时,36 岁的张爱玲遇见了 65 岁的剧作家甫南德·赖雅。赖雅是哈佛大学文艺硕士,在麻省理工学院教书,和文学大师庞德、乔伊斯、福特、康拉德、布莱希特等人是文友。

张爱玲和赖雅可以说是一见如故。两人认识不久,就开始频繁来往,还互相到对方的工作室做客。张爱玲把新写的小说拿给赖雅看，让他提意见。相识2个月后，张爱玲和赖雅正式交往。又过了半年，张爱玲被赖雅求婚了，她很高兴地答应了。

也许对张爱玲来说，赖雅并非良配——他比她大29岁，身体差，人又穷，也没有写出过什么有影响力的作品。张爱玲要忙着赚钱，二人只好经常分居。张爱玲穿梭于美国、中国香港、中国台北，往返于美国不同的城市间，生活难免有点儿捉襟见肘。

在这段日子里，张爱玲将自己的生活琐碎事无巨细地写信给香港的友人宋淇等人，留下了很多文字记录。从这些信件中可以看出，两人不仅有真感情，而且是在互相扶持、互相依赖。

在张爱玲看来：

> 我和赖雅在一起的时候，生活轻盈而安宁。
>
> 我们一起到电影院看电影，一起笑出眼泪，然后步行回家。
>
> 我们一起搭顺风车到市区，去比华利山的时髦公司，看橱窗。
>
> 我们一起买了一台电视，多半待在家里看电视，还养了一只叫雪尔维亚的猫。
>
> 三餐通常是赖雅做，我只需要做一点他喜欢吃的中国菜。
>
> 在这不可靠的世界里，要想抓住一点熟悉可靠的东西，那还是自己人。

张爱玲承认"赖雅需要我，甚于我需要他"，但这种"被需要感"，本身也是感情的一种。

结婚11年后，长期疾病缠身的赖雅去世了。张爱玲看起来没有什么变化，依然勤奋地写作。

回看张爱玲这一辈子，她的童年、青年和中年，充满了"虱子咬噬的痛苦"，这是她原生家庭的不幸，是她遇人不淑，也是时代悲剧在她身上的投射。张爱玲已尽自己所能摆脱这种桎梏了，想想同时代的作家，还有几人能有她的洒脱？

20世纪80年代之后，张爱玲的稿费源源不断，收入颇丰。不过，这都不是关键。这么多年，她始终自立谋生，几近自由。张爱玲写着自己想要的文字，并且最终都落于纸上，成了20世纪华语文学里最杰出的"流言"与"传奇"。

林徽因
永远的沙龙女主人，永远的建筑学家

林徽因，我们经常在各种故事里看到她和徐志摩、梁思成、金岳霖等诗人、学者的情感纠葛，以及冰心、杨绛等女作家对她的嘲讽。大家似乎很乐意把她定义成一位有不少风流韵事的文化名流。

但这种评价是不甚公平的。林徽因不仅是一位才华出众的建筑学家、中国现代建筑学的奠基人之一，同时还有诗人、作家、剧作家等身份。在很多领域，林徽因的成就都十分出众。

在那个年代，林徽因是标准的大家闺秀。她的父亲林长民毕业于日本早稻田大学，是民国政府的秘书长、政治部部长和国务院参事。林长民虽然不喜欢林徽因的母亲，却特别喜欢这个女儿，早早送她上了学。对打小就很受宠的林徽因来说，一切都是明亮的。

16岁那年，她跟着父亲出国，坐头等舱，漂洋过海来到伦敦。在那里，碧玉年华的林徽因遇见了徐志摩。当时，24岁的徐志摩已经和江南巨富之女张幼仪结婚，还与之有一个两岁的孩子，但徐志摩却疯狂地爱上了林徽因。

徐志摩写过很多诗送给林徽因，最有名的是那首《偶然》：

我是天空里的一片云，
偶尔投影在你的波心——
你不必讶异，
更无须欢喜——
在转瞬间消灭了踪影。
你我相逢在黑夜的海上，
你有你的，我有我的，方向；
你记得也好，
最好你忘掉，
在这交会时互放的光亮！

为了追求林徽因，徐志摩残忍地向怀了二胎的妻子张幼仪提出离婚，这对张幼仪造成了很大的打击。而林徽因并没有因此答应徐志摩，相反，她和父亲一起回了国，还给徐志摩写了拒绝信：

我降下了帆，拒绝大海的诱惑，逃避那浪涛的拍打……

1924年4月，印度诗人泰戈尔访华，徐志摩和林徽因共同担任翻译，两人分立在泰戈尔身边、衣袂飘飘的照片上了各大报纸头条。徐志摩私下对泰戈尔说，他仍然深爱着林徽因。为此，泰戈尔曾代徐志摩向林徽因求情，可惜，还是没有使她动心。最后，泰戈尔也爱莫能助，只好作了一首诗：

天空的蔚蓝，

爱上了大地的碧绿，

他们之间的微风叹了声："唉！"

其实，自打林徽因从伦敦回来后，梁启超就看中了她，想让她做自家的儿媳妇，张罗着她和大儿子梁思成订婚。起初，林徽因还有点儿犹豫，但巧合的是，梁思成意外地摔坏了腿，林徽因就去照顾他。这一来一回的，两人的感情快速升温。

后来，在林徽因的建议下，梁思成和她一起去美国宾夕法尼亚大学学建筑。1927年，梁思成建筑系硕士毕业，林徽因美术系学士毕业。这中间还发生了一个意外：1925年，林长民死于流弹，失去了父亲的林徽因顿时没了依靠。这之后，她的学业、生活，以及赡养母亲，全都有赖梁家。有了这一层恩情，结婚便水到渠成了。

可对此，梁思成心里是怎么想的呢？

春天，我和徽因在渥太华的中国总领事馆举行婚礼。

新婚之夜，我既紧张，又激动，但也有些怅惘。

徽因是一个这么有主张的人，她坚定着自己选择的道路，还敦促我来宾夕法尼亚大学学建筑，但是她为什么要跟我在一起？

是因为她这几年的学费、生活费、吃的用的全是我们家的，她只能报恩吗？

徽因是一只天空的飞鸟，我捕捉不到她的微笑。

她说的话，我怕会错她的意，不敢随便答，只能沉默。

有一天，我终于鼓起勇气问徽因："这个问题我只问一遍，以后再也不提。为什么你选择的人是我?"

徽因回答说:"这个问题我要用一生来回答,准备好听我回答了吗?"

这是什么意思?我还是没有听懂,她到底是不是爱我呢?

两人有共同的理想,就是建筑。在学习和工作当中,经常是林徽因交代一些设计想法,梁思成认真完成画稿,最后再由林徽因撰文。有人说,林徽因的建筑学成就都靠梁思成,当然不是,林徽因写建筑学这样枯燥的话题,也能深入浅出,趣味十足。梁思成在这一点上是很服气的:

> 我擅长画图,徽因擅长为文。我很多文章都是徽因润色的。人家是,文章是自己的好,老婆是别人的好;我呢,老婆是自己的好,文章是老婆的好。

但是,一个浪漫多情,一个古板沉默,林徽因与梁思成的婚姻,也有不协调之处。林徽因的堂弟林宣回忆:

> 姐姐、姐夫婚后思维迥异,常常谈不到一起去。我姐对自己那一身打扮和形象得意至极,曾说:"我要是个男的,看一眼就会晕倒。"梁思成则不解风情地答:"我就没有晕倒啊。"

此时,徐志摩已经和陆小曼结婚,同住在上海。因为任教,徐志摩经常要飞往北京,与林徽因、梁思成也一直是好朋友。

1931年11月19日，徐志摩为了参加林徽因的演讲，特地赶去北京。那天的雾很大，起飞前，徐志摩还给林徽因和梁思成发了一封电报，请他们过来接机。

谁料，徐志摩乘坐的飞机失事，机上人员全部身亡。得到消息后，梁思成和众多文化名流好友赶到现场，取回了徐志摩的飞机残骸。坊间曾经流传，这块残骸被林徽因挂在了床头，时时可见。早有无聊人士问过梁思成："你难道不介意吗？"梁思成却说："徽因若不重情，反倒不值得我爱了。"

这个时候，又有一个人出现了，那就是金岳霖。他是徐志摩介绍给林徽因的朋友。金岳霖是著名的哲学家、逻辑学家，他在多个国家留过学，后来回国，在清华大学和北京大学教书。他和林徽因、梁思成文化背景相同，志趣相投，长期以来一直毗邻而居。若干年后，梁思成这样描述他们的关系：

> 可能是在1932年，我从宝坻调查回来。徽因见到我时哭丧着脸说，她苦恼极了，因为她同时爱上了两个人，不知怎么办才好。
>
> 我想了一夜，我问自己，徽因到底是和我生活幸福，还是和老金一起生活幸福？
>
> 我把自己、老金、徽因三个人反复放在天平上衡量。
>
> 过了几天，徽因告诉我说，她把我的话告诉了老金。
>
> 老金的回答是："看来思成是真正爱你的，我不能去伤害一个真正爱你的人，我应当退出。"
>
> 从那次谈话以后，我再没有和徽因谈过这件事。

这件事之后,金岳霖依旧长期自由地出入梁家。梁思成、林徽因教导两个孩子,让他们叫金岳霖"金爸"。两个孩子跟金岳霖相处得很好,儿子梁从诫最后甚至为金岳霖养老送终。

一直以来,有些人认为,金岳霖是为了林徽因终身不娶,这个说法是不对的。金岳霖当时有同居女友——美国女教师丽莲·泰勒。而在丽莲之后,他也交往过不少的女友,其中就有战地女记者浦熙修。事实上,金岳霖之所以不娶,是因为他奉行"不婚主义"。

抛开林徽因、梁思成和金岳霖的往事,他们夫妻二人举办的沙龙也很有名。每天下午三四点钟,梁家都要准备饼干、花生米之类的茶点,客人则是变动的,高兴就来,有事就走。金岳霖、张奚若、陈岱孙等人是座上常客。沙龙通常由林徽因主持,从政治、社会到美学、文学,无所不谈。多少年后,老舍先生的儿子舒乙还不无向往地说:

> 提到以乔治·桑为中心的19世纪法国浪漫主义博物馆,我便想到,咱们北京现代名人故居里,也有两座名人故居是有类似的资格和类似的价值的……一座是梁思成、林徽因的故居,一座是朱光潜的故居。这两座都是20世纪30年代红极一时的文学沙龙。

有趣的是,冰心曾经写过一篇小说,名叫《我们太太的客厅》,文中揶揄林徽因在男人间"左右逢源"。对此,林徽因也毫不客气,当即给冰心送了一坛老陈醋。

不过话说回来,感情和逸事,其实并不是林徽因人生的主调,她的个性里一直保持着科学家严谨的一面。从1930年到1945年,梁思成、林徽因夫妇走过中国15个省190多个县，考察测绘了2738处古建筑物。要知道，那些古代建筑，往往隐没在人迹罕至的荒郊野谷之中。当年，他们去实地考察，总是徒步跋涉，风餐露宿。林徽因虽然是名门小姐，但始终奔波在一线，和丈夫梁思成一起，用现代科学方法研究中国的古代建筑。

从林徽因的书信中，我们能看出她对传统建筑的深情与热爱。在去青州考察时，她曾写信给梁思成的妹妹梁思庄：

> 青州外表甚雄，城跨山边、河绕城下、石桥横通、气象宽朗，且树木葱郁奇高。晚间到时山风吹过，好像满有希望，结果是一无所得。临淄更惨，古刹大佛有数处。我们冒热出火车，换汽车、洋车，好容易走到，仅在大中午我们已经心灰意懒时得见一个北魏石像！庙则统统毁光！

言语中，都是对古迹被破坏的痛心。

1932年6月14日，梁思成去宝坻考察古建筑，林徽因在香山养病。在给胡适的信中，她写道：

> 这种工作在国内甚少人注意关心，我们单等他的测绘详图和报告印出来时，吓日本鬼子一下痛快。省得他们目中无人，以为中国好欺侮！

还有一封信，是她写给冰心的：

> 冰心女士，何必拿我来讽刺什么"太太的客厅"呢？
>
> 在这整个民族和它的文化，均在挣扎着他们危重的命运时，凭你有多少关于古代艺术的消息，你只感到说不出的难受！
>
> 如果我们到了连祖宗传留下来的家产都没有能力清理，或保护，乃至于让家里的至宝毁坏散失，或竟拿到旧货摊上变卖，这现象却又恰恰证明我们这做子孙的没有出息，智力德行已经都到了不能堕落的田地。
>
> 睁着眼睛向旧有的文艺喝一声"去你的，咱们维新了，革命了，用不着再留丝毫旧有的任何知识或技艺了"，这话不但不通，简直是近乎无赖！

中华人民共和国成立后，林徽因特别高兴，除了对国家的热爱之外，还有一个深刻的原因。对此，她的儿子梁从诫还原了林徽因的心路历程：

> 母亲有过强烈的解放感。因为新社会确实解放了她，给了她一个前所未有的、新的、崇高的社会地位。在旧时代，她虽然也在大学教过书，写过诗，发表过学术文章，也颇有一点名气，但始终只不过是"梁思成太太"，而没有完全独立的社会身份。

作为中华人民共和国建筑学的奠基人，林徽因不仅被正式聘为清华大学建筑系的一级教授和北京市都市计划委员会委员，而且还当选为北京市第一届人民代表大会代表、全国文代会代表。

在其位，尽其职，林徽因实打实地为国家做了很多事。比如，她参与了国旗国徽和人民英雄纪念碑的设计工作,还挽救了景泰蓝这项传统工艺。

也许是因为亲眼见证了中华人民共和国的诞生,林徽因对祖国有很强的使命感。她的身体一直不好,却将仅有的精力全部投入到工作中。1953年8月,北京市政府召开由副市长吴晗主持的北京文物保护会议,林徽因和梁思成一道致力于北京城墙的保护,林徽因在会上说:

> 保护文物和新建筑是统一的,保护为了继承优秀传统,不仅保护宫殿、庙宇,还要包括一些民间和店面,要进行整体保护,要做好调查研究。
>
> 你们把真古董拆了,将来要懊悔的,即使把它恢复起来,充其量也只是假古董。

但是由于当时各种"破四旧"的政治要求,林徽因和梁思成很难改变大局。同济大学的陈从周教授回忆道:

> 林徽因为了保护北京的古建筑,曾指着当时北京市副市长吴晗的鼻子,大声谴责。虽然那时她肺病已重,喉音失喑,然而在她的神情与气氛中,真是句句深情。

林徽因当日的良知与血性,仍有穿越时光的震慑力。她的一生虽然短暂,却同时拥有了爱情、事业、爱好、友谊,还有美满的家庭、有出息的孩子。她为这个国家做出了足够的贡献,社会也还她以敬重。可以说,她的一生,堪称完满。

阿加莎·克里斯蒂
在她创造的世界里，无人生还

人类历史上作品最畅销的作家是谁？除了威廉·莎士比亚，就是阿加莎·克里斯蒂。据吉尼斯世界纪录统计，她的80部推理小说，被翻译成103种语言，累计创下全球20亿册的总销量，有超过30部小说被搬上大银幕。

然而，在阿加莎·克里斯蒂8岁以前，她的母亲却不愿意让她读书。

阿加莎·克里斯蒂原名阿加莎·米勒，1890年出生于英国的一个中产阶级家庭。其父母恩爱、家庭和睦，唯有母亲的爱令她有些窒息。阿加莎的哥哥姐姐都被送去了英国的顶级寄宿学校，只有阿加莎，因为母亲实在太在乎她了，硬是把她留在身边，还说要保护她的视力和大脑，不让她在8岁前接受教育。可阿加莎还是凭着自己的聪颖，在5岁时学会了阅读，开始偷偷地阅读一些英法名著，经常幻想各种故事，把自己的想法记录下来。

不过，阿加莎安稳的童年并没有持续很久。因为父亲不善经营，家里的产业濒临破产，阿加莎一家搬到了法国西部；几年后，父亲因病去世，姐姐出嫁，哥哥从哈罗公学退学后参军了，家中便只有她与母亲相依为命。

直到阿加莎 15 岁，母亲才意识到她需要上学。阿加莎在巴黎两次转学，主修钢琴演奏和声乐。她一度被认为在声乐上很有前途，还会演奏曼陀林，但她更爱的是写诗，写短篇小说，写短剧。尽管未能接受正规的学校教育，总的来说，阿加莎的童年是有爱的，她说过：

> 我认为，人生最大的幸运莫过于拥有一个幸福的童年，而我的童年幸福快乐。

只是，父亲的破产，让阿加莎意识到"钱"很重要。这也是为什么她笔下很多案件的动机，都始于金钱诱惑。

当时，未满 20 岁的阿加莎跟随母亲在埃及开罗定居，她在那里开始了自己的社交生活。虽然她已和炮兵少校雷吉·卢西订有婚约，但在一次舞会上邂逅了将要去英国皇家陆军航空队服役的阿奇博尔德·克里斯蒂少尉时，还是坠入了爱河。

阿加莎的母亲坚决反对，理由是这个男人看起来"太惯于招蜂引蝶"。个性独立的阿加莎可不管这个，她一意孤行，取消了原有的婚约，义无反顾地投向了阿奇的怀抱。

就在两人浓情蜜意的时候，第一次世界大战爆发了，阿奇要赶赴法国战场，阿加莎只能与之匆匆结婚。随后，她也加入了志愿医疗队并开始了写作。不断经历写书、退稿、出版，阿加莎越写越顺，名气也越来越大。

4年后，阿奇从战场上回来了，两人找到了新的房子，搬到新居。本来母亲一开始是不太同意两人的婚姻的，但她看出来两人很幸福，最终给了女儿祝福：

> 你现在要到你丈夫那里了，亲爱的，你要开始你们的婚姻生活了。我希望你一切顺利。

阿加莎写过一篇文章《真实的传奇》，里面就写了两人最初的这段婚姻生活：

> 阿奇回来休假，这一次我们相处得很愉快。我们去了新森林。时值秋季，树叶的颜色变得非常可爱。我们漫步在林中，有一种前所未有的相依相伴的感觉。他说这里有一个他一直想去的地方，就是那个"无人之境"的路标所指之处。
> 我们沿路而行，来到一个结满苹果的果园。我们快乐地徜徉在园中，尽情地享用苹果。然后我们再次穿越森林，坐在一棵倒伏的树上。天空下着蒙蒙细雨，我们非常愉快。

但到了1926年，结婚12年之后，阿加莎身上同时发生了两件事：母亲去世，丈夫阿奇出轨。

在失去母亲的最痛苦、最脆弱的时候，她遭遇了阿奇的背叛，但阿加莎没有流露出悲伤，她是侦探小说家，她是行动派。没多久，

电台、报纸开始大幅报道这则新闻:

　　1926年12月4日,在距离侦探小说家阿加莎居住的斯泰尔斯庄园约12英里的一处斜坡下,警方发现了一辆失控后冲进树篱的"莫里斯"轿车。车中无人,只有一个行李箱、一件皮毛大衣,以及阿加莎本人的驾驶执照。

　　知名侦探小说家人间蒸发,是迷路失踪,还是惨遭毒手?女作家为何失踪?各种推测纷至沓来。警方出动了搜救犬、侦察机,搜寻人员多达一万五千人。有报纸出资500英镑悬赏有关作家的情报。连"福尔摩斯之父"柯南·道尔和多萝西·L.塞耶斯,也加入了搜寻者行列,他们研究了阿加莎留下的所有线索,却一无所获。

　　女作家已被杀害?是丈夫阿奇和他的情妇共同谋杀的?他们偷偷把尸体藏起来了?一个擅长写悬案的女作家,会给自己的失踪或死亡,留下更多线索吗?

阿加莎忽然失踪,全国为之轰动。为了证明自己的清白,阿奇不得不全盘托出他的不在场证据:他当时正和情妇南希在一起。

11天后,警方在约克郡的哈罗盖特酒店里,发现了化名为特蕾莎·内莱的阿加莎。

这件事有两个讽刺的地方:一、当时她化名的姓,就是丈夫情妇的姓;二、她完全没认出前来接她的丈夫。

无论警方如何询问,阿加莎对整件事的回应都是"失忆症"。

事后,阿加莎虽然被认为是在炒作,但她丈夫的损失更大,被贴上了"蓄意谋杀妻子"的渣男头衔,即便"杀妻"之实不存在,但他对婚姻的背叛已给媒体提供了足够的口实和弹药。

离婚后,阿加莎一边努力写作赚钱,一边独自抚养女儿。1929年,她加入了考古队,踏上了远赴中东伊斯坦布尔的东方快车。

在这个过程中,阿加莎再度收获了爱情:比她小14岁的考古学家马克斯·马洛温向她求婚。此后,阿加莎和第二任丈夫的婚姻生活一直相当美满。

比起她的爱情与幸福生活,阿加莎之所以地位尊崇,成为大家口中亲切称呼的"阿婆",是因为她的作品、她无可比拟的创作才华,以及她营造出来的悬疑世界。

在第一次世界大战期间,阿加莎在英国托基的医院中,以药剂师助理的身份参加志愿工作。经过近2年的学习与磨炼,她从一个病房护士变成了一名拥有合法资质的药剂师,系统学习了不少药物理论和毒物应用知识。这足以让阿加莎将严谨的药理学知识和富有想象力的诡计完美地糅合在一起。在她的故事中,投毒俨然成了一种浪漫的犯罪艺术,而不是纯然的血腥暴力。

1920年,阿加莎的处女作《斯泰尔斯庄园奇案》在被多次退稿后终于问世,里面塑造了一位有着水桶身材、俏皮胡子的神探波洛。

阿加莎在自传中告诉了我们,她是怎么样设计出这个并不存在的神探波洛的:

> 我在医院药房工作,当各种药瓶都已灌满、备齐之后,就可以胡思乱想了。

我想写一部侦探小说。我的四周都是毒药，那么，最好的办法，就是用毒药害死人了。谁应该被毒死？谁该是投毒者？投毒的时间、地点、方式、动机呢？受害者该是谁？有什么不同寻常的投毒目的？

这个罪犯，还要让人一看就不像罪犯。还要有一个侦探，以及围在侦探身边的配角。在电车上，我看见了我想塑造的人物形象，有下巴上蓄着黑胡子的男人，有喜鹊似的叽叽喳喳说个没完的老妇人，有肥胖活跃的女人，正在高声谈论春天的球茎植物。

我还想要一个侦探。我希望他是一个比利时人，比利时人对别人热心的善行似乎并不十分感激，总是抱怨这埋怨那的。我的侦探，应该曾是一名警官，懂得一些犯罪知识；他还应该是一个一丝不苟、干净利落的小个子；总是在整理东西，喜欢所有东西都成双成对、方方正正的。他必须非常聪明，有灰色的脑细胞——最终，我把这个侦探的名字定为赫尔克里·波洛。

一有空闲，阿加莎就在思考这本侦探小说里的零星情节，每写完一章就用打字机打出来。有时，阿加莎陷入创作的亢奋之中，并从中获得了乐趣；有时，她又陷入了困境，难以驾驭那些错综复杂的情节。她在写作时，总是喃喃自语，时而以约翰的口吻对玛丽说话；时而又扮演玛丽，跟约翰交谈；时而又扮作伊芙琳，向主人汇报……

完成《斯泰尔斯庄园奇案》后，阿加莎将书稿寄给了一家出版商。不久后,她就收到了退稿信。退回的稿子整整齐齐,一点儿折痕都没有,显然是没人阅读过。她把稿子重新包好,寄往另一家出版社,几经周折后终于出版了。

从此,波洛神探"找到了工作"。他拄着拐杖,打着蝴蝶结,大腹便便,几乎没有任何搏击能力,却因为善用化学知识,破解了一个个谜案。很快,这位波洛神探就成了人们新一代的偶像。

另一个神探,马普尔小姐,是1930年阿加莎在《寓所谜案》中起用的新的侦探形象。她大约60多岁,终身未婚,别人都称呼她"奇怪的老姑娘"或"老猫"。马普尔小姐是个天生的侦探,喜欢闲聊和织毛线,能通过和别人细致的交谈,从中找到作案者的蛛丝马迹,并把各种罪犯的档案存在脑中。

纵观阿加莎的80部小说作品,最具知名度的应当是《尼罗河上的惨案》和《东方快车谋杀案》。尤其是《东方快车谋杀案》,是阿加莎根据一桩轰动一时的案件改编的故事。

当时,美国飞行员林德伯格是第一个飞越大西洋的人,因而名满天下,引来无数人津津有味地讨论。大家崇拜他,就像他能在海上行走,而不是飞越海面一样。

1932年3月,林德伯格20个月大的儿子,在自家二楼的婴儿房被绑走。林德伯格与他的妻子安妮发现了一张票据,上面要求他们提供5万美元的赎金。几天后,一张新的赎金票据出现了,要价7万美元。而2个月后,婴儿的尸体却被发现了。

这太让人难过了。于是乎,一个故事在阿加莎的脑海里成形了:

在从伊斯坦布尔开往加来的东方快车上，一个叫雷切特的富商身中十二刀而身亡，大侦探波洛正好在这趟列车上，他开始了调查……

他发现，这辆豪华列车上，核心的乘客只有十多人，全都与著名飞行员阿姆斯特朗一家有密切关系。几年前，美国著名飞行员阿姆斯特朗的小女儿黛西被绑架，并被杀掉，几个月后，绑匪雷切特被抓获，但他却逃脱了法律的制裁。黛西怀孕的母亲因悲伤过度而死，父亲因而自杀，家里的一个女佣也因无辜受到怀疑而自杀。东方快车上的这些乘客，分别是：

1. 雷切特的秘书麦奎因，他是这起案件的检察官的儿子；

2. 大惊小怪的哈巴德太太，她是飞行员阿姆斯特朗的岳母，她那怀孕的女儿因悲伤过度去世了；

3. 家庭教师玛丽·德贝纳姆，她曾是阿姆斯特朗家的家庭教师；

4. 德拉戈米罗夫公爵夫人，沙俄皇室后裔，她是被撕票的小黛西的教母；

5. 公爵夫人的女仆希尔德加德，她曾是阿姆斯特朗家的厨师；

6. 安德雷尼伯爵夫人及其丈夫，阿姆斯特朗去世的妻子的妹妹及妹夫；

7. 推销员马奎兹，曾是阿姆斯特朗家的司机；

8. 康斯坦丁医生，阿姆斯特朗曾资助他的学业；

9. 传教士皮拉尔，小黛西的保姆；

10. 管家马斯特曼，曾是阿姆斯特朗家的男仆；

11. 乘务员皮埃尔，因为被怀疑是凶手而自杀的女仆的弟弟；

12. 哈德曼先生，自杀的女仆的情人。

最后，神探波洛知道真相，但他选择不知道。

《东方快车谋杀案》出版后不久，警方称找到了"林德伯格绑架案"的凶手。2年后，木匠豪普曼以谋杀的罪名被送上了电椅。然而，案件依然有很多没有解决的疑点，依然扑朔迷离。不过，这已和阿加莎的故事没有关系了。

在和考古学家马克斯·马洛温结婚后，阿加莎四处旅行，也非常高产。在20世纪30年代，她的作品多达23部，而且精彩迭出：

《尼罗河上的惨案》，你以为他是凶手，却有证据证明他最不可能是凶手，可实际上，他就是真的凶手；

《东方快车谋杀案》，你以为是一桩凶杀案，其实是来自不同地方的12个人，把同一个人杀死了12次；

《无人生还》，环环相扣，车轮式复仇，每个人都陆续被杀，最后真的无人生还……

你看，人人是凶手，处处是迷宫，遍地是伏笔，条条是线索。这正是阿加莎作品畅销不衰的原因。

在成名之路上，阿加莎不光荣获了"不列颠帝国勋章"和埃克塞特大学名誉文学博士学位，还获得了"女爵士"的封号。之后，她还被英国女王授予了"侦探女王"的桂冠。她不仅一生圆满，更在作品中获得了永生。

乔治·桑
肖邦与缪塞的灵感缪斯

乔治·桑是一位生活在 19 世纪上半叶的法国作家。雨果曾说："乔治·桑在我们这个时代具有独一无二的地位。其他的伟人都是男子，唯独她是伟大的女性。"福楼拜也说："她是法兰西的代表，独一无二的荣耀。"

乔治·桑是一位高产作家，其思想具有超前性和现代性，在她惊世骇俗的言行里，包含着女权主义思想的萌芽。不过，乔治·桑的爱情故事更加令人瞩目。她的沙龙汇集了全法国一半以上的文化名流，其中有不少还是她的裙下之臣。乔治·桑曾经抱怨：

> 我的门口总是挤满了人，所有的文学渣滓都纠缠我，所有的音乐败类都尾随肖邦。

乔治·桑原名露西·奥罗尔·杜邦，1804 年出生在巴黎的一个贵族家庭。她的父亲是拿破仑时代的军官，很早就去世了，乔治·桑由祖母——大名鼎鼎的杜邦夫人抚养长大。

有人说:"杜邦夫人对法国启蒙运动有推波助澜的作用。"因为杜邦夫人经常举办沙龙,孟德斯鸠、狄德罗、伏尔泰等大文豪都是其座上常客,卢梭更是杜邦夫人的好友。

在祖母的教育下,乔治·桑很早就显露出才华,出落成了一位淑女。13岁那年,她进入修道院学习。18岁的时候,她嫁给了卡西米尔·杜德万男爵,获得了封号。

她的丈夫虽然不坏,但问题是,他完全不能理解乔治·桑。在乔治·桑眼中,丈夫平庸、愚蠢,连她写了18页长的情书都懒得看。于是,乔治·桑带着两个孩子离开了家,来到巴黎。

出于生计考虑,乔治·桑开始写作,希望自己的作品能够出版。当然,创作需要灵感,而对于一个多情的女人来说,爱情就是最好的灵感源泉——她很快就有了新情人。

1832年春天,在巴黎圣米歇尔滨河街25号的一间寓所里,乔治·桑带着3岁半的女儿,还有一部长篇小说《安蒂亚娜》,出现在于勒·桑多面前。桑多读完《安蒂亚娜》手稿后,既惊讶又难堪——乔治·桑比他写得好太多了。

随后,《安蒂亚娜》顺利出版,乔治·桑也一举成名,正式开始了她才思如泉涌般的写作生涯。此外,作为上流社会的一员,乔治·桑受邀参加了不少名人晚宴。1833年,29岁的她参加了《两世界》杂志举行的法国上层阶级的盛宴。别的姑娘都恨不得将世上最好看的衣裙裹在身上,唯有她,穿着男士长袍,跑到男人堆里,抽雪茄,狂饮烈酒,不把任何人放在眼里。

在这里,她遇见了法国著名诗人缪塞。他身材单薄,金发飘动,仪容英俊,打扮得非常考究。缪塞第一次见到乔治·桑,看到她的不同寻常之处,就被她牢牢抓住了心。两人在宴会上挨在一起说悄悄话,也借着醉意,将嘴唇轻轻地碰在了一起。回到家,缪塞给乔治·桑写了一首诗:

桑,你写书时,在哪儿看见,安蒂亚娜床上的可怕场面:半裸的诺娜,与莱蒙陶醉欲仙?爱情以颤抖的手,徒劳地寻觅,她幻想中深深钟爱的幽灵……

乔治·桑也写诗回应:

缪塞先生,心旌摇荡地,我要告诉您,我非常明白当晚您疯狂地,想要邀请我一起跳舞。

您的一吻也让我至今难忘,我想,这吻就是您爱我的证明。我已准备好向您倾诉我对您无私而纯洁的爱意。

如果恰好您也想要我向您毫无遮掩地展示我赤诚的灵魂,那么来看我吧。我们将像朋友那样闲聊,推心置腹。我将向您证明我是真诚的女人。

实际上,这首诗比文字展示得露骨多了,如果缪塞认真看乔治·桑写给他的藏头诗①,他看到的将会是以下的文字:

---

① 原文为法语,需要注意的是,乔治·桑这首诗的一些用词,如 cul、bite,都是非常粗俗的词语,直译为中文就是臀部、性器。

心旌摇荡地，我要告诉您，我非常渴望着枕席之欢。而且，我更想这个人就是您。我已做好准备，翘起我的臀部。如果您也想看到我赤诚的身体，那么，便来拜访我……

缪塞一眼读懂了，啊！这个女人怎么可以这么粗鲁！她竟然不顾上流社会的文雅，用这么粗俗的词！这首表面上是歌咏纯洁感情的诗，实际上是一首挑逗诗，他也回赠了一首藏头诗：

我渴望躺在您怀里，我是如此爱您，甚至连我的笔也欣喜若狂。

缪塞太想她了。她如果认真读诗，将会发现，如果把每一行的第一个单词连起来读，意思就是：你想何时与我睡觉？

乔治·桑一看就懂了，年轻人啊，我一眼就看穿你了：

您的心对我表达的深深爱慕，损害了我的名誉，令我生恶。

其实，她真正想说的是：今晚。

两个年轻人爱得很热烈。他们一起旅行，从法国到意大利，从热那亚到威尼斯。在那里，娇滴滴的贵族公子缪塞却患上了痢疾。足足1个月，乔治·桑每天都在他身边，陪他求医问药。但在看护的过程中，乔治·桑却和缪塞的主治医生帕吉洛好上了。结果，缪塞的病倒是好了，心却破碎了。他说自己是"一个病人，一个气馁的灵魂，一颗流血的心"。

缪塞只能从这段三角恋里退出，他要求和乔治·桑见最后一面。但道别的时候，两人又重新萌发出爱情。医生无可奈何，只能与乔治·桑分手。

不过，有些感情似乎注定走不到最后。缪塞和乔治·桑之间的感情反反复复，分分合合。一直以来，乔治·桑是付出更多爱与热情的一方，可是，后来乔治·桑也生病了，缪塞却完全没有尽到照顾的责任，这让乔治·桑的心都冷掉了。

旅行结束后，两人正式分道扬镳。乔治·桑写道：

> 所有的男人都是不诚实的，变化无常的，虚伪、巧舌、伪善、骄傲、懦弱、可鄙而露骨。

缪塞曾经反复恳求复合，他疯狂地给乔治·桑写信，还硬闯她的屋子，但乔治·桑不为所动。后来，缪塞写了一本自传小说《一个世纪儿的忏悔》，就是为了纪念这段爱情。

1836年，32岁的乔治·桑经由钢琴家李斯特的邀请，在拉菲特街23号法兰西饭店的一场热闹非凡的沙龙里，第一次听到了弗雷德里克·肖邦的演奏。他孤独而瘦削的身影，他的手指在黑白琴键上翻飞，弹出美妙乐音，都让乔治·桑念念不忘。

她写信，写给他们共同的朋友看，想办法向这位钢琴王子传达自己的感情。她的信写得热烈而甜蜜：

（如果能与你在一起，）上天让我马上去死，我都不会抱怨。

但肖邦一开始对乔治·桑的兴致并不高，他在日记里写道：

第一次见面，我就受不了她，她装扮成男人，嘴里叼着雪茄。这个乔治·桑多么讨厌！她真是个女人？我怀疑。

在我演奏时，她的眼睛深情地看着我。我演奏一首有点阴郁的曲子，而她忧郁而奇怪的眼睛老是盯着我，这双眼睛在说什么呢？她倚在钢琴旁，灼热的眼光使我全身发烫。我们被鲜花围绕，我的心被征服了！

我又见过她两次，从此，她爱上了我。很奇怪，我也居然爱上了这个女人，一个粗野、生命力那么旺盛的女人。

数月后，肖邦与乔治·桑住到了一起，并和她的两个孩子共同生活。那一年他26岁，她32岁。肖邦体弱多病，长期被肺病折磨，也因此拥有忧郁气质。乔治·桑像母亲一样，无微不至地照料着他。

1838年11月，乔治·桑为了给肖邦疗养，决定离开巴黎，带着两个孩子，搬到温暖的西班牙的马略卡岛。可雨季一开始，肖邦的肺病又发作了，房主害怕他的病会传染，便将他赶了出去。乔治·桑只好带着孩子和肖邦，搬到了一所简陋的修道院，那里没有壁炉，冰冷潮湿。

生病的肖邦不能独自待在家里，乔治·桑每天要照顾他、照顾孩子，还得顶着大雨坐马车去买各种食材，回来做饭，还要写作、挣钱，处境十分艰难。

不过，也就是在这个多雨的季节里，肖邦为乔治·桑写了一首钢琴曲《雨滴前奏曲》，而乔治·桑则写下了《在马略卡的一个冬天》。

两人在马略卡岛待了3个月之后，便回到了乔治·桑的家乡诺昂。他们住在18世纪的古堡里，肖邦白天弹琴，乔治·桑则彻夜写作，白天睡觉。当时的居民们或许会记得一个有趣的场景，在田野小路上，乔治·桑穿着长裙牵着一头叫玛戈特的小母驴散步，而驴上坐着肖邦。

肖邦不仅有洁癖，还特别挑剔。他要穿最考究的礼服大衣、白亚麻布衬衫，戴白手套。他的纽扣要是珠母的，靴子是专门定制的高级皮靴。他还要在家里摆满紫色的鲜花，每天更换。甚至连肥皂、香水，他都有诸多要求。而乔治·桑不厌其烦，竭尽所能一一满足。

因为肖邦觉得孤独，乔治·桑时不时举办文化沙龙，请来画家德拉克洛瓦，音乐家柏辽兹、李斯特，文学家巴尔扎克等人……为了爱情，为了照顾这个脆弱得像婴儿一样的情人，乔治·桑付出了太多太多。

也许，单方面的付出始终不能持久，他们的同居生活，随着两个孩子的长大而冲突不断。乔治·桑的女儿因为跟母亲不合，多次寻求肖邦的支持，这使得乔治·桑和肖邦之间出现了裂痕，乔治·桑甚至一度怀疑肖邦和自己的女儿有染。同居九年后，两人终于分手。

这个结局，对乔治·桑来说未必不是一件好事。作家密茨凯维奇说："肖邦对于乔治·桑来说，是祸根，是精神上的吸血病和苦难的十字架。他最终也许要把乔治·桑置于死地。"

但是，离开乔治·桑的肖邦状况并不好，他的肺病日益恶化，再也没谱写出新的作品。仅仅过了2年，他就去世了。

也许，乔治·桑的感情之路的确磕磕绊绊，但有一件事，她却做得有声有色。

她像祖母杜邦夫人一样，成了著名的沙龙女主人。除了深爱过的缪塞、肖邦之外，钢琴家李斯特，文学家福楼拜、雨果、司汤达、梅里美、屠格涅夫、小仲马和巴尔扎克，画家德拉克洛瓦、柯罗，还有拿破仑的弟弟热罗姆·波拿巴亲王，都是乔治·桑的座上宾。他们中的一些，还曾是她的情人。此外，她的情人还有医生、出版家、演员、贵族青年等。

值得一提的是，每个曾经和她在一起的男人，即便最后跟她分开，也都还爱着她、颂扬着她。缪塞在多年后仍说："我依然一往情深地爱你。后人将反复传诵你我的名字，就像传诵那些不朽情侣的英名一样。"

不止如此，走出沙龙的乔治·桑是一个非常勇敢的女性。1799年11月，法国巴黎警察局局长签署了一项令人匪夷所思的法令：所有想穿男性衣服的女性，必须在警察局获得合法许可。乔治·桑成功地把法规变成了她特立独行的"保护伞"。

在拿到"穿裤子"的许可证后，乔治·桑就热衷于乔装成男性出入各种公开场合。所到之处，众人纷纷侧目并窃窃私语。乔治·桑可不在乎这些，她曾借自己的作品公开宣称：

> 婚姻迟早会被废除。一种更人道的关系将代替婚姻关系来

繁衍后代。一个男人和一个女人既可生儿育女，又能不互相束缚对方的自由。

那可是200年前啊！难怪有人说，乔治·桑是女性自由的先驱。

乔治·桑的故事之所以动人，更重要的，还在于她是一位有影响力的作家。她有一个别称，叫作"多产的写作母牛"。要知道，乔治·桑一生写了100卷以上的文艺作品、20卷回忆录，以及大量的书简和政论文章。

此外，她还是一个热衷于政治的社会活动家。她的代表作《康素爱萝》，就是她接触资本主义自由派和空想社会主义者后创作的。书里的女性角色，说过这样一段话：

> 眼下，谁也不用为自己操心，谁也不会妨碍我。谁也不知我在哪儿。支配我生活的人找不到我；我躲在这个无人知晓、连我自己也不熟悉的地方，没有人能发现我……我全部属于自己，既是主人，也是奴隶。

可见，乔治·桑笔下的女性，也如她一般追求自由。后人曾高度评价这部小说，甚至把它和诺贝尔文学奖得主罗曼·罗兰的作品《约翰·克利斯朵夫》媲美。

1876年，乔治·桑去世，结束了丰富多彩的一生。伟大的作家维克多·雨果亲自给她写了祭文：

> 乔治·桑就是一种思想，她从肉体中超脱出来，自由自在，

虽死犹生，永垂不朽。啊，自由的女神！乔治·桑在我们这个时代具有独一无二的地位。其他的伟人都是男子，唯独她是伟大的女性……

男女平等作为人与人之间平等的一部分，一个伟大的女性是必不可少的。妇女应该显示出，她们不仅保持天使般的禀性，而且还具有我们男子的才华。她们不仅应有强韧的力量，也要不失其温柔的禀性。乔治·桑就是这类女性的典范。

当法兰西遭到人们的凌辱时，完全需要有人挺身而出，为她争光载誉。乔治·桑永远是本世纪的光荣，永远是我们法兰西的骄傲。这位荣誉等身的女性是完美无缺的。

可以说，乔治·桑给我们示范了一位女性的勇气、活力和激情，以及充满创造力的一生。还有什么比这更让人向往的呢？

弗里达
她的身体破碎了,她的灵魂完整了

弗里达这个名字,可能很多人都不熟悉。但如果提到电影《寻梦环游记》里那个头戴红花、身穿墨西哥民族服饰的"一字眉"女画家,你或许就有印象了。没错,那个女画家就是弗里达。

电影中的墨西哥灵界里,弗里达是至高无上的存在,人人都认识她、记得她;现实中,弗里达在时尚艺术界也早已被"封神",她让人想起女性的自由、顽强、不屈不挠。

浓厚的一字眉、浓郁的民族风情的穿着打扮、独特的恋爱经历,还有参与革命的热情,这些都是弗里达魅力的重要组成部分。她不仅是一名艺术家,更是文化与艺术的化身。但是,在另一方面,弗里达所遭受的不幸,比谁都多,比谁都惨烈。

1907年7月6日,弗里达出生在墨西哥城。其父亲是德国移民,在墨西哥是一位颇有名气的摄影师;母亲则是墨西哥土著居民和西班牙人的混血儿。弗里达患有先天脊柱裂,从小身体孱弱。6岁那年,又得了小儿麻痹症,右腿轻微萎缩,所以她常常穿着长裙。好在弗里达乐观向上，读中学时就立志将来要做一名医生。她的父亲也悉心教她画画和摄影，还让她给版画匠做助手。

生活似乎正在慢慢变好，可一场突如其来的车祸，彻底改变了弗里达的命运。

18岁那年的秋天，弗里达和初恋男友一起坐公共汽车回家，结果，公共汽车意外地撞上了有轨电车。这场事故造成了弗里达的脊椎、锁骨和尾骨多处粉碎性骨折，一截断裂的公交车扶手，通过腹腔直接戳进了她的子宫。她不得不以黑色幽默的口吻自嘲：

> 车祸让我失去了童贞。

然而，在弗里达住院的那2个月里，她那只受了一点儿轻伤的男友并没有露面——这段酸涩的初恋就这样悄然结束了。

住院的头1个月，弗里达浑身打满石膏，躺在像棺材一样的盒子里，一动不动。后来，她又陆续接受了几十次矫正手术。治疗过程漫长而煎熬，锥心的疼痛、身体的残缺，从此成了她生命的一部分。

在卧床的日子里，弗里达一边配合医生治疗，一边开始作画。那时，家里为了给弗里达治病，几乎花光了所有积蓄，但父亲还是买来齐全的画材，鼓励她画画。

由于无法起身，弗里达只好躺在床上，让人在天花板装上镜子，然后看着镜子中的自己练习画自画像。她还将包裹全身的石膏密密麻麻地画上了各种彩色图案。

肉体的疼痛与残疾令弗里达终生无法摆脱，这一方面使她精神上永远需要他人、需要被爱，另一方面，也成了她后来艺术创造的源泉。

很多人好奇，弗里达是怎么用绘画来表达自己的痛苦呢？从她的画里看得出来，她已不得不开始接受身体的残缺、破碎、撕裂、血腥、不漂亮……

18岁，我被电车扶手刺穿了身体。但是，我在镜子里，在自画像里，肉身依旧完整，没有破碎，安静，完美。我想象着什么都没有改变。

25岁，怀孕三个月的我，流产了，大出血。先天卵巢发育不良、车祸刺伤子宫，无法生育，这个结果，我早知道。我想等奇迹发生。但是奇迹没有发生。在画里，我很小很小。破碎的脊椎，流产的胎儿，底特律的机器，盆骨，系着红丝巾的蜗牛。我赤着身子，躺在白色的病床上，下身都是血。

37岁，我经历了一次失败的脊椎手术。疼痛、暴怒、无法休息，伤口撕裂。我是一根破裂的柱子，浑身扎满钉子，我滴的不是一行泪，而是一排一排的泪水。28件钢铁、皮革或石膏制成的胸衣支撑着我残缺的脊柱，也撑起我的画，我的希望。

弗里达生命中的痛苦，除了躯体，还有爱情。15岁时，她遇见了墨西哥著名壁画家，同时也是共产主义活动家迭戈·里维拉。

当时，弗里达正坐在地上，安静地看着迭戈站在大楼外的脚手架上画着大型壁画。突然，她打断迭戈画画，紧张地询问这个男人，自己是否适合走艺术创作的道路。迭戈看了看弗里达带来的三件肖像作品，鼓励她说："不管这件事有多么困难，你必须坚持绘画。"迭戈的话就像一颗种子，深深地埋进了弗里达心里。

1928年，弗里达伤愈，开始参加一些社会活动。在一次活动中，她和迭戈重逢了，那时，迭戈刚刚结束了第二段婚姻。两人很快便相恋了。

一年后，弗里达和迭戈结婚。不过，弗里达的母亲并不同意这桩婚事，因为迭戈不仅比弗里达年长21岁，而且已经结过两次婚。此外，迭戈体重200公斤，而弗里达却只有40多公斤。这简直是一场"鸽子与大象"的恋爱。

然而，迭戈对弗里达的影响是深远的。他对弗里达的意义不只在爱情和生活中，更在于他们有共同的艺术追求和政治理念。

迭戈一直公开支持共产主义和工人革命，还身体力行地参与"墨西哥壁画运动"，目的就是为了唤醒民众的民族自豪感和自信心。弗里达在迭戈的鼓励下继续创作、施展才华的同时，也慢慢形成了她早期的绘画风格和政治观念。弗里达曾坦言：

> 我开始画迭戈喜欢的事物，从他赞赏并爱上我的那一刻起。

在弗里达的画里，出现过很多次迭戈的形象。有一张著名的肖像画，就是弗里达穿着民族服装和迭戈站在一起。而在迭戈的壁画《革命的歌谣》中，我们也可以清晰地看到弗里达的身影——画里的她身着红衣黑裤，胸前佩戴着一颗红星，严肃而坚定地向革命战士分发武器。

弗里达为迭戈写过无数情书，其中一封是这样的：

真实太伟大，让我口不能言，夜不能寐，耳不能闻，心不能爱。我感到自己已如困兽，却不再害怕鲜血、时间甚至魔法。你心脏跳动的节奏，泄露了你的痛苦和恐惧。所有我提出的无理要求，都在你的沉默里找到了回答，因为你的沉默叫作困惑。我以蛮力相邀，胡搅蛮缠，而你回馈给我光明和温暖。

啊，多么奇妙的恩典啊。我想要为你画像，可是对你的爱太多太丰富，我竟不知道该用什么色彩。

虽然弗里达与迭戈相爱，在艺术上也互相成就，但这段婚姻带给弗里达的，更多的是巨大的创伤。比如，弗里达至少流产过3次，而迭戈一再出轨……这伤透了弗里达的心，她说过：

我一生经历了两次意外的致命打击，一次是撞倒我的街车，一次就是遇到里维拉。

迭戈从未对弗里达忠贞过，他经常跟他的模特睡觉，却说和女人睡觉就像是撒尿一样自然，他只不过是被女模特的身体吸引了而已。当被弗里达生气地质问时，他强词夺理地说："和女人睡觉就像和人握手一样，是很平常的，顶多也就是力度重一点儿的握手。"反而像是嘲弄弗里达看不开。

弗里达在给他的信里写道：

我不认为，河岸会因为河水的冲刷而感到痛苦。

我不害怕痛苦，你知道，这对我来说是家常便饭，虽然

> 我承认我遭受了苦难，很多苦难，它们都把我逼到了痛苦的边缘……我从来没有能够理解你曾经在寻找什么，你现在在寻找什么，她们在给你什么，她们曾给了你我给不了你的什么？因为我们不要变成笨蛋，迭戈，我能给你的都给你了。

无法改变这种状态的弗里达很痛苦，她用抽烟喝酒来放纵自己。作为一种报复，她与不相识的男人或女人相拥而眠，将迭戈的情人勾引至自己身边。而迭戈对此绝不能忍受，雕塑家伊桑姆·诺古奇跟弗里达睡觉被发现，差点儿让迭戈崩了他。

但真正让弗里达无法释怀的，是迭戈与她的亲妹妹睡觉。爱人与亲人的同时背叛，令弗里达非常痛苦，她在给好友的书信中表露出这种心碎：

> 我意识到，迭戈对她的兴趣更胜于我，我不断地对自己说我已经准备妥协，如果这样能够让他更快乐。我付出了很多去容忍这一切，你无法想象我有多么痛苦。

弗里达画了一幅画，名叫《一些小伤口》。这幅画的灵感来源于当时的一条新闻。据说，一个男人连续刺了他的妻子22刀，在法庭上，这名男子说："我不过给了她一些小伤口。"

画里，一位一丝不挂的女人躺在床上，浑身是伤口和鲜血，白床单、白衬衫、墙上、地板上、画框上……都是血迹斑斑。弗里达想用这幅画来表达，丈夫的背叛带给她的痛楚早已深入骨髓。

可即便如此，他们依然互相纠缠。迭戈虽然爱着弗里达，却无

法只钟情于她。他曾在自传中自白:

> 如果我爱上一个女人,我越爱她,就越想要伤害她。弗里达就是这一令人厌恶特征的受害者。

1937年,苏联政客托洛茨基和他的夫人娜塔丽娅·谢多娃来到墨西哥避难,两人住在弗里达的家里。这时,弗里达和迭戈已经分居了,迭戈刚好生病了,弗里达被他派来迎接托洛茨基夫妇。

58岁的托洛茨基与30岁的弗里达可谓是一见钟情,两人就在娜塔丽娅的眼皮底下,轰轰烈烈地恋爱了。

两人的关系维持并不算久,7月的时候,弗里达写道:"我现在非常厌倦这个老头。"托洛茨基写了长达九页的信,求她改变主意。弗里达把信递给朋友看,只淡淡地说:"写得很美。"

弗里达也向迭戈坦白了这段婚外情。迭戈听了之后大受打击,怒而提出离婚。你看,这个男人多么虚伪,自己一次次地出轨,用轻飘飘的一句"握手"就搪塞过去了。可当妻子不忠时,他就受不了了。

此时,弗里达的人生中又出现了一位贵人。

当时,超现实主义教父安德烈·布勒东正在墨西哥拜访托洛茨基,他一眼就被弗里达的画作所吸引了,高度赞誉它们为"绑在缎带上的炸弹"。布勒东向世界这么描述弗里达:

> 当我来到墨西哥,发现她近期的作品正在向纯粹的超现实主义发展时,我感到非常吃惊,也很兴奋;尽管事实上,在构思她的作品之前,她并不知道任何有关超现实主义的学说,也没

有受到我的朋友和我自己的超现实主义行动哪怕一丁点的影响。

布勒东将弗里达归入超现实主义阵营之中，由此改变了她的人生道路。1938 年，布勒东在纽约为弗里达举办了一次名为"墨西哥"的画展，这是弗里达第一次以独立女画家的形象示人。大多数艺术家、评论家和媒体，都对这位充满异国风情的女画家抱有极大的兴趣。

弗里达在法国受到了欢迎，她曾在 1939 年应卢浮宫博物馆邀请前往巴黎，曾接受过毕加索的宴请，也曾登上 VOGUE 杂志巴黎版的封面。

不过，从纽约回来后，弗里达的心情却很糟糕。此时，托洛茨基已经搬走了，迭戈也和她签署了离婚协议。可是，弗里达对迭戈的感情依旧无法彻底割舍。

仅仅一年后，迭戈重新回到了弗里达的身边，两人复婚了。可惜的是，弗里达的健康状况越来越差。她还有一个很大的遗憾：这么多年，墨西哥人并不认识弗里达，他们只认识迭戈——在美国现代艺术博物馆大获成功的迭戈。弗里达想在墨西哥本土做展览，不想只作为迭戈的妻子存在。

庆幸的是，在 46 岁的时候，弗里达终于实现了这个愿望——在祖国墨西哥举办了她的第一次，也是最后一次画展。这次画展，在墨西哥引起了轰动。

但是，因为一次又一次的手术、感染，她已一身伤残，画展当天既无法站，也无法坐。她不顾医生与丈夫的反对，穿着一袭红衣，带着精致妆容，躺在病床上，连人带床，被抬进了她自己的画展。弗里达竭尽全力地微笑，向围观群众挥手，让大家知道：请注意，这具尸体还活着。

那一夜，她喝了不少酒，笑容一直挂在脸上。画展过后，因为软组织坏死，她被截去了右腿。

弗里达的一生有太多的痛苦，包括肉体的、心灵的，她说：

> 他们认为我是超现实主义画家，但我不是。我从不画梦，我画我自己的现实。我的一生，肉体和内心都太痛苦了。不要怪我酗酒，我喝酒是想把痛苦淹没，但这该死的痛苦会游泳。
>
> 对于一个墨西哥人来说，死亡意味着一种创造。我希望死是令人愉快的，而我希望永不再来。

不久后，弗里达去世了。和她痴缠半生的迭戈说：

> 1954年7月13日是我一生中最悲惨的一天。我永远失去了我心爱的弗里达。我现在太晚意识到，我对弗里达的爱是我人生中最美好的部分。
>
> 对弗里达，我想从艺术家的角度去评述她，而不是从丈夫的角度。我钦佩她。她的作品尖刻而温柔，像钢铁一样坚硬，像蝴蝶翅膀一样自由，像微笑一样动人，深刻残酷却像苦难的人生。

弗里达的一生，痛苦、伤痕累累，不过，她依旧在苦难中开出了最绚丽的花，她拥有最灿烂的想象、最像梦境的现实，以及最华丽的悲伤。弗里达早已超越了艺术界，在时尚、文化等领域都光芒万丈。苦难成了弗里达的徽章，唤醒了她的创造力。而她，用自己好不容易得来的光亮，照耀了世界。

杜拉斯
毕生用爱来抵挡太平洋的堤岸

很多读者熟悉这样一段话：

我已经老了，有一天，在一处公共场所的大厅里，有一个男人向我走来。他主动介绍自己，他对我说：

"我认识你，永远记得你。那时候，你还很年轻，人人都说你美，现在，我是特为来告诉你，对我来说，我觉得现在你比年轻的时候更美，那时你是年轻女人，与你那时的面貌相比，我更爱你现在备受摧残的面容。"

这是法国女作家杜拉斯的作品《情人》的开篇。

杜拉斯在中国的影响力很大，曾被视为时尚小资文化的重要组成部分。20世纪末，几乎每个中国文艺女青年都会背诵她的名句。女作家虹影甚至说过："中国女作家都受过杜拉斯的影响。"

杜拉斯的写作生涯很长，但直到70岁，她才凭借自传体小说

《情人》荣获1984年法国龚古尔文学奖。不过,与之相比更传奇的,则是她常常冒天下之大不韪的人生。

1914年,杜拉斯出生于法属印度支那嘉定市,也就是曾经的西贡,现在的越南胡志明市。杜拉斯的父母都是小学教师,背井离乡来到殖民地寻求发财机会。母亲接连生了3个孩子,除了杜拉斯还有两个哥哥。可没过几年,杜拉斯的父亲便过世了。

在异国他乡,一个女人要靠微薄的薪水抚养3个孩子,有多难可想而知。母亲迅速衰老了,脾气也变得暴躁怪异,开始往孩子们身上撒气。

在这样的家庭氛围下,大哥皮埃尔学会了母亲的暴虐,时不时殴打弟弟保罗和妹妹杜拉斯。然而,母亲却格外宠爱这个像无赖一样的大哥,还夸他"高大、英俊、健壮,一个活脱脱的情圣"。皮埃尔因此变得更加肆无忌惮。他喜怒无常,还抽上了鸦片,吃喝嫖赌毒样样精通,没钱了就撬橱柜偷家里的。

1928年,杜拉斯的母亲已是殖民地年纪最大的女教师。由于受到殖民当局的蛊惑,她拿出自己毕生的积蓄和全部抚恤金,在海边买了一片近三百公顷的土地。可是,因为没有贿赂相关人员,母亲买下的竟然是一块无法耕种的盐碱地。

母亲不肯屈服。作为那片土地的主人,她年年发动周围居民,不辞劳苦地修筑抵挡太平洋的堤坝。但是,堤坝年年都会被如期而至的浪潮冲毁,她所有的希望也被无情地冲刷掉了。

杜拉斯在其成名作《抵挡太平洋的堤坝》里,写了自己几近绝望的母亲对居民们的怒吼:

啊！你们这类人根本就不懂得什么是希望，此外，你们只会制造希望，你们只有勃勃野心，而且从来都不失算。有关堤坝之事，就让我来回答您吧。

请设身处地地为我想想：如果我在即将来临的这一年里，连这个希望都没有，甚至连遭受新的失败的展望都没有，那么，除了叫人杀死你们，我还有什么更好的事情可做呢？

而杜拉斯冷静地看着母亲：

我的母亲太失望了。她是让贫穷给活剥了的母亲。

她所有的失败连成一张错综复杂的网，种种失败彼此紧紧相连，以至于不可能触动其中任何一个而不牵动所有其他的，这让母亲感到绝望。

母亲曾经过度地热爱着生活，正是她那持续不懈、无可救药的希望，使她变成了对希望本身完全绝望的人。这个希望已经使她精疲力竭，使她陷入赤贫的境地。

母亲从这十年的时间隧道出来时，如同她进去时一样，纯洁、孤独、与邪恶势力毫无关联，对一直在她周围的殖民地官员的贪婪毫无所知。

殖民地并不是家园。

杜拉斯15岁那年，被母亲送到西贡读中学，她的成绩名列前茅。相比其他放学后都有人来接的白人女孩，家境贫困的杜拉斯显得有些特别，她只能一个人往返于西贡与沙沥之间。也正是在往返的渡轮上,她遇见了中国人李云泰。

李云泰个子矮小,其貌不扬,但却很有钱,他的父亲在印度支那有数不清的房产。在李云泰的热烈追求之下,少女杜拉斯不由自主地"沦陷"了。

尽管当时的杜拉斯还太年轻,母亲发现了女儿的变化后,还是默许了这一选择,因为杜拉斯可以从李云泰那里拿到钱。有时,这位中国情人会请杜拉斯一家去他们消费不起的高级餐厅,大哥皮埃尔总是挑最贵的菜来点。

不过,可笑的是,母亲明明默许女儿以这种不光彩的方式赚钱,可在杜拉斯把钱带回来之后,母亲却又哀号着侮辱她、打骂她,叫得几乎全城都可以听到。母亲哭诉自己一生多灾多难,女儿丢人现眼,要把她赶出去。

没想到,最后让杜拉斯这段恋情结束的,却是李云泰要结婚的消息。分别时,李云泰对杜拉斯说:"如果不回去结婚,父亲就要剥夺我的继承权。"16岁的杜拉斯只好接受了这一事实。

几十年后,70岁的杜拉斯写下了《情人》,借自己笔下的一个法国少女,说:

> 我站在轮渡上,还留着两只发辫呢。十五岁半,我已浓妆艳抹了。我擦多卡隆雪花膏,设法把眼睛下部,颧骨上的雀斑掩盖住。在多卡隆面膏上我又拂了一层胡必刚牌的肉色香粉。那天我还抹了口红,是像樱桃那样的深红色的口红。我没有香水,我母亲那儿只有科隆牌花露水和棕榄香皂。
>
> 在那部利穆新汽车里,一个风度翩翩的男人正在看我。他

不是白人。他的衣着是欧洲式的,穿一身西贡银行界人士穿的那种浅色柞绸西装。他在看我。被别人看,这在我已经是习以为常了。在殖民地,人们总是盯着白人女人看。

年老之时,重新回顾这段未成年时的感情,杜拉斯有了不一样的感受:

> 对于这个中国男人来说,他对于白人少女的记忆依然如故,床上横陈的身影依然在目。
> 在他的欲念里,她一定居于统治地位久久不变,情之所系,无边无际的温柔亲爱,肉欲可怕的阴暗深渊,仍然牵连未断。
> 少女直挺挺地站在那里,好像这次轮到她也纵身投到海里自杀,后来,她哭了,因为她想到堤岸的那个男人;因为她一时之间无法断定她是不是曾经爱过他;因为,他已经消失于历史,就像水消失在沙中一样;因为,只是在现在,此时此刻,从投向大海的乐声中,她才发现他,找到他。
> 他对她说,和过去一样,他依然爱她,他根本不能不爱她,他说他爱她将一直爱到他死。

这段刻骨铭心的经历,在很多年后,被杜拉斯写成了小说《情人》。后来,这本小说成为她最广为人知的作品,杜拉斯也由此成为畅销书作家。如今,《情人》已被译成42种语言,全球销量达3000多万册。

《情人》的故事告一段落。真实的结局是,李云泰的父亲为了让儿子从这段感情中走出来，拿出一大笔钱补偿给杜拉斯一家。母亲终于还清了债务，18岁的杜拉斯也得以回到法国读书。

杜拉斯的人生还在继续。离开李云泰后，杜拉斯在巴黎读完大学，获得了巴黎大学法学学士和政治学学士学位。毕业后，她进入法国殖民部工作。

杜拉斯交了一个新男友，名叫罗贝尔·昂泰尔姆。1939年，两人结婚。在这段婚姻中，杜拉斯夫妻俩有一个惊世骇俗的约定——他们允许彼此保持一种松散自由的关系，两人各有情人，并且互不干涉。

婚后不久，罗贝尔就跟一个叫安娜的女人打得火热，而杜拉斯也对审读员迪奥尼斯·马斯科洛一见钟情。迪奥尼斯是个美男子，杜拉斯疯狂地爱上了他，并为此和所有情人断绝了关系。她还把迪奥尼斯介绍给丈夫罗贝尔，两人竟也惺惺相惜，一见如故。

他们三人在杜拉斯的公寓里，组成了一个叫"圣伯努瓦街5号"的乌托邦式知识分子组织。他们为参与社会主义抵抗运动的志士们提供藏身之所，在秘密警察的眼皮底下传递信件，组织成员碰面。后来出任法国总统的密特朗就是他们的"战友"。

不幸的是，罗贝尔因为参加抵抗运动，被纳粹关进了集中营，留下杜拉斯和迪奥尼斯继续组织地下活动。罗贝尔生死未卜，令杜拉斯非常担忧，她在极度煎熬的状态下写出了一部对自己而言最重要的作品——中篇小说《痛苦》。这本书是献给罗贝尔的，她写道：

人可以在某些事情上说谎，可就是这件事不行，一个人没法在痛苦这件事上说谎。

杜拉斯对丈夫的爱是真实的,但这并不妨碍杜拉斯同时还和迪奥尼斯继续保持亲密关系。1947年,她生下了与迪奥尼斯的孩子。第二次世界大战结束后,罗贝尔从集中营出来,回到了巴黎。但在这段复杂的关系里面,他已经没有了位置。罗贝尔只好退出,和杜拉斯离婚。

有意思的是,杜拉斯与著名哲学家波伏瓦是认识的,但两人互相瞧不上,都觉得对方的文章写得不好。两人曾有过一个共同的情人博斯特。但是当萨特、波伏瓦组织了支持阿尔及利亚独立的活动时,杜拉斯却加入了他们的阵营,公开站到法国政府的对立面。这给她招来很多麻烦,但她毫不惧怕,宣称:

我不知道还有什么比搞政治或者说按照自己的意愿去搞政治更幸福、更令人心醉神迷的事情了。

在情感生活之外,杜拉斯还是一位被贴上先锋、新浪潮标签的电影编剧及导演,其作品风格明显。从1973年的《娜塔莉·格朗热》到1985年的《孩子们》,杜拉斯一共执导了十九部电影,包揽了电影的剧本、监制、导演、剧务等工作。她最有名的作品,是和导演阿伦·雷乃合作的电影《广岛之恋》。这部电影曾被提名戛纳电影节金棕榈奖和奥斯卡金像奖最佳剧本奖。电影里,有一句令人印象深刻的对白:

你在广岛什么也没看见,你一无所见。

这时杜拉斯已垂垂老矣,在结束了和迪奥尼斯的第二段婚姻后,她也已经单身十多年了。谁也没想到,一位疯狂的崇拜者,敲开了圣伯努瓦街5号的门。

27岁的演员扬·安德烈亚爱上了66岁的杜拉斯,在给杜拉斯写了七年信之后,他终于如愿走进了她的生活中。安德烈亚给杜拉斯当助手,协助她完成了许多文学和电影作品。

这场恋情很是匪夷所思,因为安德烈亚比杜拉斯小了整整39岁,但却给她带来了无比旺盛的创作激情。虽然这位小男朋友也有过逃离、酗酒、和杜拉斯闹分手的时候,但他陪伴杜拉斯走过了生命的最后16年。

1982年,杜拉斯在给安德烈亚的信中写道:

我们彼此相爱,没有孩子,没有未来,你是个同性恋,而我们彼此相爱。

而扬·安德烈亚也在她去世后写了《情人杜拉斯》一书,里面说:

我想谈谈1980年夏到1996年3月3日这十六年当中的事。谈谈我跟她共同生活的那些岁月。

我说的是"她"。

我叫不出她的名字。我想,是因为第一次读到这个名字时,我就被它迷住了。

　　我扔下了所有别的书，只读她的作品。这个作者，我对她一无所知。然而，我从此以后再也离不开她了。我立即就爱上了她写的每一个字，每一个句子，每一本书。我读了又读，把书中的句子完整地抄写在纸上。我想成为这个名字，抄她所写的东西，让自己模糊不清，成为一只抄写她的文字的手。对我来说，杜拉斯成了文字本身。

　　杜拉斯至今仍是世界上最负盛名的法语作家之一。她既是一个高冷的知识分子，又是一个超级畅销书作者。在收获粉丝们狂热爱戴的同时，她也以社会活动家的身份积极参加了很多进步的社会运动。其精力之旺盛，令人钦佩。

　　杜拉斯的一生跌宕多姿，感情复杂多变，她体会了人生百态，到了晚年依旧拥有小伙子的倾心相爱和陪伴。或许，这是因为她对生命充满了激情、热爱和反叛，愿意将全副身心都付与所爱的事业，付与所爱的人，而且她还极具才华。这样的女性，到老都是充满魅力的。

　　她的一生，称得上一句"人间值得"。

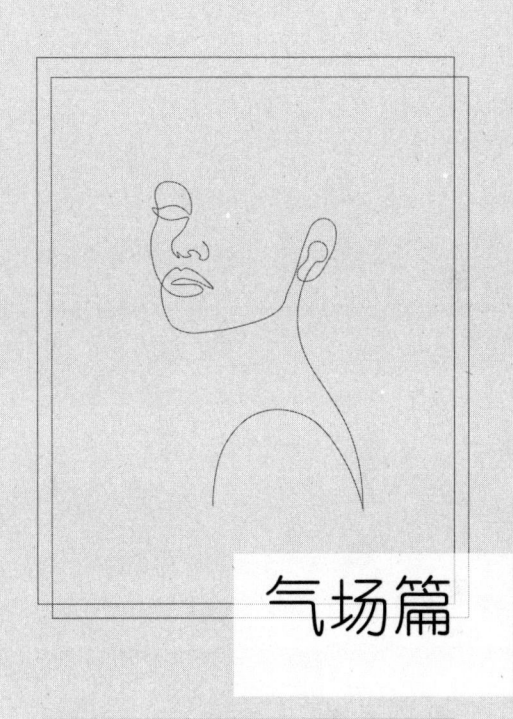

气场篇

武则天
女人通往权力之路上,到底要打败多少男人?

武则天是中国历史上唯一一位正统的女皇帝,她的一生争议不断,死后只留下一块无字碑,任人评说。

武则天是位好皇帝吗?当然是。她执政的半个世纪,继承了"贞观遗风",开启了"开元之治"。其间,社会经济快速发展,户口数更是从380万户增长到615万户。可以说,这是一个百姓相对安居乐业的时代,就连不喜欢武则天的司马光,也在《资治通鉴》中评价:

政由己出,明察善断,故当时英贤亦竟为之用。

但是,武则天是个好女人吗?这个问题,也许你更感兴趣。

武则天另一个广为人知的名字叫武媚娘,但在她去世后,继任的唐中宗给自己的母亲定了一个尊号——则天大圣皇后。这里,我们就统一称她为"武则天"。

武则天的父亲武士彟是唐朝开国功臣之一。武士彟去世后，唐太宗李世民为了显示自己对旧臣的体恤，便把14岁的武则天召进宫来，封为才人。但那时候，唐太宗已有宠妾，对武则天没有兴趣。《旧唐书·吉顼传》中记载了武则天的一段自叙：

> 太宗有名马狮子骢，又壮又敏捷，没有人能驾驭它。我是宫女侍侧，就对太宗说："我能制服它，但需三样东西：一是铁鞭，二是铁楇，三是匕首。铁鞭打它不服，则用铁楇敲它的脑袋，还不服，就用匕首刺它的喉咙。"太宗当时听了，都夸我厉害呢！

或许当时的武媚娘理解错了。唐太宗是一个精明强势的帝王，他既不需要，也不喜欢强势的女人。直到唐太宗去世，25岁的武则天依然只是一个才人，没有晋升过，可能也未曾侍寝。

武则天不甘心。她没有娘家可依靠，不能就这样老死宫中。巧的是，常给父皇请安的太子李治看中了她。于是，两人暗中来往。

不料，唐太宗的去世打断了这一切。因为没有子嗣，武则天只能被送进感业寺当尼姑。

有说法称，李治与武则天约定，3年后接她出寺，然后娶她。但这种揣测不太现实。不要说是年轻皇帝和后妈的恋情了，普通人也不可能保证3年不联系还依然爱着对方，更何况李治身边还有源源不断的美女呢！事实上，武则天基本上回宫无望。

仍不放弃希望的武则天写下《如意娘》一诗，纪念宫中的那段恋情：

>　　看朱成碧思纷纷，憔悴支离为忆君。
>
>　　不信比来长下泪，开箱验取石榴裙。

　　感业寺的日子并不好过，她只能咬牙忍下来。

　　李治登基后，立太原王氏为皇后，兰陵望族萧氏为淑妃。萧淑妃有一子二女，宠冠后宫，为人又善妒，这给没有孩子的王皇后造成了很大威胁。

　　650年5月，唐高宗李治在太宗忌日入感业寺进香时，与武则天重逢，两人相认并互诉衷肠。王皇后敏锐地察觉到这一点，便主动向高宗请求，将武氏纳入宫中。她想和武则天结盟，共同对付萧淑妃。

　　一年后，已有身孕的武则天再度进宫，不久后生下长子李弘。次年，她被封为二品昭仪。当时，因为唐高宗的注意力几乎全在武则天身上，萧淑妃很是嫉妒，日渐矜骄，反而越来越让唐高宗生厌。正如王皇后所愿，萧淑妃失宠了。然而，收获胜利果实的并不是王皇后。

　　要知道，这场斗争从来都不止于后宫的小恩小怨。太原王氏是高门大族，王皇后背后有整个关陇贵族集团，但这些恰恰成为唐高宗反感她的原因。唐高宗一直受制于这些贵族官僚，早就想摆脱他们了。

　　不过，关陇贵族可不会轻易让王皇后的势力被削弱。在王皇后的舅父、宰相柳奭的推动下，唐高宗被迫同意王皇后收养庶长子李忠为养子。之后，又立他为太子。但这样一来，唐高宗也越发忌惮王皇后了。

又过了三年，武则天指控王皇后在宫中行巫术。唐高宗大怒，有意废后，同时立武则天为后。事态发展至此，已经不是女人之间的斗气，而是君权和贵族门阀势力的博弈。朝廷大臣分成了两大派：反武派与拥武派。

655年9月的一天，唐高宗传旨，召太尉长孙无忌、司空李勣、尚书左仆射于志宁和谏议大夫褚遂良四位大臣，入内殿商议要事。

褚遂良在觐见皇帝之前，就已对长孙无忌等人说："皇帝想废除皇后王氏，今天一定会商议此事，我想进谏，各位的心意如何？"

长孙无忌说："明公必须尽情地说，我会紧跟其后。"

等见了皇帝，唐高宗不好意思地说："不孝有三，无后为大。皇后王氏没子，昭仪武氏有子，现在我想立昭仪为皇后，你们意下如何？"

褚遂良抢先说："王皇后乃名家之女，是先帝为陛下娶的贤妻。先帝临近驾崩时，执着陛下之手对臣说，'朕把好儿子好儿媳都托付给诸卿'，陛下也都听到了，言犹在耳。而且，王皇后没有过错，岂可轻废？臣不敢屈从陛下，违背先帝的旨意。"

唐高宗支支吾吾地说："皇后虽无其他过失，但无法生育，迟迟没有子嗣。"

褚遂良急了，说："陛下真想换皇后也不是不可以，跪请挑选天下豪门大族，何必一定要是武氏！武氏出身低微，不可！何况武氏侍奉过先皇，是太宗皇帝的才人，天下谁不知道？陛下立她为后，千秋万代之后，又如何跟天下人交代？请陛下三思，愚臣违抗圣旨，罪该万死，只想不负先朝厚恩，哪里顾得上性命？"

褚遂良越说越激动，将上朝时手执的笏板放在台阶上，同时摘下官帽，叩头直至流血："我这官也不做了！我把笏板还给陛下，告老还乡!"

这时,一直在背后听政的武则天揭开了门帘:"怎么不杀了这个老南蛮!"

长孙无忌见状,连忙开口道:"陛下,褚遂良不能杀,他是功臣,不能杀。"

唐高宗也赶紧找台阶下,说道:"褚遂良一再咆哮朝臣、威胁朕,动辄还要血溅五步,该不该杀,明日再议!"

没有达到目的的武则天和唐高宗,并没有罢休。这时,曾跟随唐高祖打江山的功臣李勣,主动求见。

唐高宗发愁地说:"我想要立武昭仪为皇后,遂良很固执,坚持不让。他是我父皇给我指定的顾命大臣,这件事是不是再也没有办法了?"

李勣说:"此陛下家事,何必问外人!"

这句话启发了唐高宗和武则天。之后,大臣许敬宗也对高宗说:"陛下何必多虑!田舍翁多收十斛麦,还打算换老婆呢,何况天子想立皇后,怎么能每个人都发表议论,总有异议呢?"

没过几天,唐高宗下诏,废王皇后为庶人。后又下诏,立时年31岁的武则天为皇后。

武则天之所以不同于其他后宫女性,原因就在于她不是要争夺皇帝的宠爱,而是要争夺朝权。从当皇后这件事情开始,她就一直在跟朝中大臣过招。

当上皇后的武则天,一边给唐高宗生儿育女,一边参与朝政。她给唐高宗出谋划策,先后罢黜了褚遂良、韩瑗、来济等关陇贵族集团的骨干人物。许敬宗等人还把长孙无忌牵扯进了一桩朋党案,使得唐高宗削去了长孙无忌的官职封邑，并将他流放。长孙无忌被逼自杀，他的子嗣宗族全被株连，或流放或被杀。

紧接着，武则天大力扶持寒门子弟，偏重科举，拔选人才，打破了贵族阶级的垄断。到这时，自魏晋以来就掌控朝堂的庞大利益集团倒台了。

武则天的见识不止于此，她在上元元年（674年）提出"建言十二事"——富国强民的十二条政策，包括：劝农桑、薄赋徭、止兵戈、广言路、杜谗言、善用人才、笼络百官，并提高妇女地位等。这些都是切实有用的。

在武则天和唐高宗联合执政时，大唐进入蓬勃发展期，国力渐盛，人口激增，万民乐业。这是武则天之名号于后世屹立不倒的根本原因。

不过，武则天也背负了很多争论，其中就包括"杀子"恶名。

她一共给唐高宗生了四个儿子、两个女儿。长子李弘曾被立为太子，他自幼孝顺仁德，体恤民情，却在22岁时猝死。《新唐书·高宗本纪》中说：

上元二年（675年），四月己亥，天后杀皇太子。

《资治通鉴》里也称，当时的人都认为是皇后用毒酒杀死了太子。而长女安定公主，据《新唐书》记载，也可能是被武则天亲手掐死在襁褓中的。不过，《新唐书》作者之一的欧阳修对武则天深恶痛绝，说的未必是真相。然而，这也表明当时的人确实认为，武则天干得出"杀子"这种事。

长子李弘去世后,武则天的第二个儿子李贤成为太子。实际上,李贤是几个孩子当中最有能力和才干的。唐高宗曾经对大臣夸奖李贤说:"此儿已经读了《尚书》《礼记》《论语》,诵古诗赋十余篇,只需要暂时带着他浏览,即可过目不忘。我曾派他去读《论语》,至'贤贤易色',他却反复诵读这部分。我问他为何如此,说是喜欢这样贤德的话。我才知道他早熟聪敏,出自天性。"

李贤看到哥哥的暴亡,忧心忡忡,希望母亲能容下自己。他曾写过一首《黄台瓜辞》给武则天,是与曹植《七步诗》齐名的诗作:

种瓜黄台下,瓜熟子离离。
一摘使瓜好,再摘使瓜稀。
三摘尚自可,摘绝抱蔓归。

然而,李贤痴迷美色,行事早已令武则天不满意了。有一次,谏议大夫明崇俨遇刺身亡,牵连出李贤。在审讯中,李贤的东宫马坊中又被搜出了数百具铠甲,凡此种种,皆成为太子谋反的证据。

唐高宗宠爱太子,不忍心从严处治,武则天却果断地说:"作为人子而心怀叛逆,这是天地所不容的。大义灭亲,不可赦免。"

680年,太子李贤被废为庶人,而后流放巴州;数年过后,武则天又派人追过去,迫他自杀。

此后,唐高宗又立武则天第三子李显为太子。

683年12月,唐高宗去世,太子李显登基,为唐中宗。唐中宗虽然已经27岁,却没有君主的样子。当时,他想立岳父韦玄贞为宰相,但原宰相裴炎并不支持。唐中宗大怒,竟说:"给他一个宰相职位算得了什么！我就是把皇帝宝座给了他，又有何不可？"

太后武则天听到后大怒，诏令：

> 中宗昏庸无德，不能为一国之主，立即废李显为庐陵王，立四子李旦为帝。

在唐高宗去世后，掌握实权的武则天经历了多次叛乱。内有宰相裴炎想发动政变，逼她交出政权；外有徐敬业在扬州举兵反武。结果，武则天早已掌握了他们的消息，把裴炎逮捕下狱，并将其斩首于洛阳，之后又发兵剿灭了徐敬业的势力。最后，武则天赢得不费吹灰之力。

有意思的是，徐敬业有位手下叫骆宾王，就是5岁写出《咏鹅》的那位天才。他写了一篇很有名的《为徐敬业讨武曌檄》：

> 洎乎晚节，秽乱春宫。潜隐先帝之私，阴图后庭之嬖。入门见嫉，蛾眉不肯让人；掩袖工谗，狐媚偏能惑主。践元后于翚翟，陷吾君于聚麀。

这篇檄文把武则天骂得很难听，但武则天看过后，第一反应是问："谁写的？"知道是骆宾王后，她笑着对大臣说："骆宾王这样的人才没能够被任用，是宰相的过错啊。"

她可以这么胸怀宽大，正是因为她稳操胜券。

690年，66岁的武则天由唐睿宗禅位登基，改国号为周——由此，她成为中国第一位女皇帝。到此时，苦心经营多年的武则天早已牢牢把握住了权力和舆论,扫清了所有障碍。

但在选定继承人这件事情上,武则天再次陷入了两难:到底是选姓武的侄儿,还是选姓李的儿子呢?这是女性成为权力中心所独有的苦恼。尽管她登顶了男性权力体系,但终究还是要把权力让渡给其他男性。

宰相狄仁杰等多位大臣劝解武则天说:"您的侄儿当了皇帝,一定会供奉他的父母亲,而不会供奉身为姑姑的您。只有您的儿子才会供奉您。"

光阴荏苒,武则天81岁了,她精力不济,已无法很好地控制朝堂。时任宰相的张柬之趁机联合他人,发动了"神龙政变",再次迎立李显为帝。至此,武则天完成了她了不起的使命。

作为女子,武则天是妻子,是母亲。她爱权力,也得到了权力,远远超过了当时社会对一位女性的全部期待。可在母亲等情感身份上的欠缺,则成了遗憾。只不过,比起她的人生高度来说,这已经不算什么了。

作为一位皇帝,武则天对历史发展做出了很大的贡献:她打击了保守的门阀世族,促进了经济发展,平定了边疆祸乱;在两代盛世之间承上启下,使百姓得以安居乐业。总体来看,她可算一位明君。更重要的是,武则天就像是古代女性地位的一道光,令世人意识到:女性也可以有野心、有抱负、有治国才能。哪怕稍纵即逝,她的光芒,也如日月当空,永远在历史的长河中熠熠生辉。

埃及艳后
靠美色与智慧保全了一个王朝

"埃及艳后"的名气很大,但她真实的称谓,其实是克利奥帕特拉七世。

作为一位出身高贵的希腊贵族,她掌握了5种语言,以及当时世界上最丰富的知识,包括希腊哲学、几何数学、城市规划和炼金术,等等。毫无疑问,克利奥帕特拉聪明绝顶。

克利奥帕特拉七世是公元前一世纪古埃及托勒密王朝的最后一任法老,曾经把罗马共和国的独裁者恺撒迷得神魂颠倒。克利奥帕特拉的吸引力,恐怕不仅在于美色,更多的是在头脑上。正因如此,她才能以一人之力,守卫着古埃及多年,使其不至于被罗马吞并。

在她统治的22年里,古埃及没有发生过任何战争。要知道,在当时罗马四处开疆拓土的背景下,这是多么难能可贵。所以我们首先得意识到,克利奥帕特拉是一位称职的女王。

也许是1963年的好莱坞电影《埃及艳后》太过深入人心,在大家的想象当中,克利奥帕特拉一定和奥斯卡影后伊丽莎白·泰勒一样,是一位魅惑的绝色美女。

莎士比亚曾经这么形容她:

> 争强好胜的女王,你无论做什么都是那么得体,责怪也好,笑也好,哭也好,你的每一种情绪都充分地力图表现得美好而动人。

思想家帕斯卡也说过:

> 如果克利奥帕特拉七世的鼻子再短一点儿,世界历史将被改写。

他的意思是,如果克利奥帕特拉长得不漂亮,古埃及将会更早灭亡。而在很多西方评论家的口中,克利奥帕特拉也离不开"性感""妖妇""任性而不专情"这样的形容词。

可是,她真的长得倾国倾城吗?很多资料显示,并非如此。

克利奥帕特拉在古埃及钱币上的铸刻形象是厚唇、尖下巴、鹰钩鼻;美国国家博物馆中的埃及艳后像,则相貌平平、表情严肃;英国国家博物馆所展出的11尊女王的雕像,也显示了她古板的外表;而在德国柏林博物馆中,还有一幅保存完整的"埃及艳后"肖像,风格着实非常朴实。

这些证据都说明,克利奥帕特拉能让罗马共和国史上最有名的两位统帅都爱她、保护她,并庇护她的古埃及,靠的不单是美貌,还有智慧和能力。

公元前51年，克利奥帕特拉的父亲、古埃及国王托勒密十二世去世。此前，懦弱的托勒密十二世为了保全国家，主动臣服于强大的罗马，并送上大量财物。按照他的遗嘱，罗马对古埃及具有监管权。不仅如此，刚满18岁的克利奥帕特拉必须嫁给年仅10岁的异母弟弟托勒密十三世，两人共掌王权。之所以要促成这种姐弟婚姻，是为了保护政权不旁落。

可没想到，共同掌权的姐弟却发生了内斗。年幼的弟弟兼丈夫托勒密十三世在谋臣的鼓动下，把克利奥帕特拉赶出了王宫，放逐到叙利亚。与此同时，克利奥帕特拉也不甘示弱，积极地集结军队，准备反攻。

当时正值罗马内战，庞培和恺撒两大巨头对峙，结果，恺撒成功地把庞培和妨碍他掌权的元老院驱逐出了罗马。为了躲避恺撒的追击，庞培一路逃到了同样内乱的古埃及，但却被想要讨好恺撒的托勒密十三世灭口。

可是，托勒密十三世失算了。因为恺撒本来是想趁古埃及内乱，借着追杀庞培的由头，顺便灭掉托勒密王朝，把古埃及并入罗马国土的。可是，这个计划却被自作聪明的托勒密十三世打乱了。恺撒对此非常生气。

这时，流亡的克利奥帕特拉历尽艰难找到了恺撒。我们不知道她到底用了什么方式，只知道恺撒不仅没有吞并古埃及，反而为了她攻打托勒密十三世的军队，为她夺回了王位。

当托勒密十三世被罗马军队杀死的时候，克利奥帕特拉已经怀了恺撒的孩子。她想为这个欧非大陆最有权势的男人生下儿子，好让他以后继承罗马，称霸世界。

公元前47年，克利奥帕特拉如愿以偿地生下了儿子小恺撒。恺撒回到罗马不久，克利奥帕特拉也带着儿子来到了罗马，并在盛大的欢迎仪式上，用魅力征服了全罗马民众。

虽然恺撒已有妻子，喜欢他甚至追求他的贵族女性很多，但他同样意识到了，克利奥帕特拉对于他有着不同寻常的价值。克利奥帕特拉是这么给他分析的：

你虽然有过三任妻子，但你只有女儿，没有继承人。你的养子布鲁图斯，受元老院的蛊惑，对你并不忠诚；你的另一个养子屋大维，野心勃勃，不会沿着你的路走；而你的部将们，各怀异心。

埃及富庶，而且盛产粮食；我承诺过，有我在一天，埃及就会供给罗马军队足够的粮食。没有埃及心甘情愿的供奉，罗马远征的军费也将枯竭。

如果你不想跟你的第三任妻子皮索尼斯离婚，不想再被元老院斥责，你可以跟元老院说，跟罗马的臣民说，凡人才一夫一妻，你不是凡人，你是神，不必遵循这个世俗的规定。你可以有不止一个妻子。

埃及，将为你提供源源不断的后勤与费用。这些是我的，一切只供你驱使。但如果你吞并埃及，这些财富就不是你的，而是属于国家，你就必须与你最讨厌的元老院共享权力。

罗马的内战，都是关于权力和继承权的战争。你需要你自己的儿子，这样，一切尘埃落定，关于权力的纷争会减少。而我，将教导小恺撒，你唯一的亲生儿子，永远忠诚于你，忠诚于罗马。

恺撒也下定了决心。他光明正大地把克利奥帕特拉接到了他的私人宅邸里，并不在意别人的议论。他还把这个孩子视为未来的继承人，并且在罗马为克利奥帕特拉树了一座黄金塑像，和美神阿佛洛狄忒的塑像立在一起。

但这种甜蜜时光没有持续多久。2年后，恺撒就被元老院的政敌刺死了，克利奥帕特拉只能带着儿子逃回埃及。

在埃及，克利奥帕特拉和她另一个年龄更小的弟弟托勒密十四世联合执政，可弟弟却忽然暴毙了。嫌疑最大的，当然是克利奥帕特拉。在她的操持下，3岁的小恺撒即位为国王，即托勒密十五世，而克利奥帕特拉则成了实际掌权人。

恺撒去世后，他的得力干将安东尼和养子屋大维，都被认为是最有能力的继承者，但相比之下，安东尼稍占上风，当上罗马共和国独裁官的可能性更大。

此时，安东尼正在土耳其南部，为远征帕提亚做准备。他召见了克利奥帕特拉，想剥夺她的王位，把埃及划为罗马的一个行省，然后让埃及给他的军队供给物资。克利奥帕特拉无依无靠，非常无助，急需一个强大的后台。

迫不得已，克利奥帕特拉把自己打扮成美神阿佛洛狄忒，乘坐一艘镀金大船溯流而上，前往安东尼所在的塔尔索斯。

安东尼是个只知道打仗的武夫，对这个品位超凡的埃及女王一见倾心。如果说恺撒当初为克利奥帕特拉抢回了王位，那么，安东尼为她做的就更多了，甚至丢掉了罗马，丢掉了性命。

克利奥帕特拉并不是只以美色为诱饵，她还巧舌如簧：

亲爱的安东尼，我知道你爱我。但你更爱埃及的财富，以及埃及的海军和船舰。远征帕提亚，是恺撒未完成的心愿，也是你毕生的夙愿。你希望由我，由埃及，为你完成。

我们即将有一个孩子了。我是你的，埃及也是你的。你心里想的事，我都会为你做到。

但是，我有条件。听说罗马人一诺千金，那么，我要你公开向你的臣民们承诺，把罗马的腓尼基以及奇里乞亚、阿拉伯半岛和犹大的部分土地赠予我，扩大埃及的领土。这样，我才能相信你与我结婚的诚意，才能让埃及的海军加入你们的罗马远征军里。

如果你不答应我，我不仅不会跟你结婚，不仅立即带着孩子回埃及，而且，我还会摧毁埃及海军的船只。

安东尼却表示：

可是，没有你们的船，我们罗马没有那么多的船只，无法抵达帕提亚。不行啊。而且，我的妻子奥克塔维娅是屋大维的姐姐。屋大维是我最强大的敌人，我如果跟他的姐姐无故离婚，就是宣称要与他决裂。我们连表面的和平也无法维持了。

克利奥帕特拉进一步逼问：

这是你必须要下决定的时候了。是海军重要，还是奥克塔维娅重要？

权衡之下,安东尼为了实现他准备数年的军事行动,答应了克利奥帕特拉。

无可否认,他也是爱她的。他许下承诺,这辈子、下辈子都要跟克利奥帕特拉在一起。他还立下遗嘱,死后与她合葬在亚历山大,这样两人就可以永远在一起了。

他们在塔尔索斯同居了12年。安东尼抛弃了屋大维的姐姐,把罗马领土割让给一个埃及女人,还说自己死后要葬在埃及。而克利奥帕特拉也投桃报李,给安东尼生育了三个子女。

对此,安东尼的竞争对手,同样是罗马统帅之一的屋大维,自然是不会错过这个机会的。他四处宣扬安东尼想要把罗马领土割让给埃及,还说,这不就是叛国吗?聪明的屋大维联手罗马元老院和公民大会,罢黜了安东尼的一切职务,然后向克利奥帕特拉宣战。

公元前31年,安东尼和屋大维在亚克兴决战。史学家卡西乌斯·迪奥记录了屋大维在亚克兴海战前夕鼓励士兵们英勇杀敌的演讲:

> 我们罗马人是世界上最伟大和最美好土地的统治者,但是如今却被埃及女人踩在脚下。这让我们的祖先蒙羞,对我们自己也是奇耻大辱。
>
> 假如完成以上壮举的先烈知道我们如今无法解决一个女人传播的瘟疫,他们会肝肠寸断。我们比任何其他民族都更英勇,如今受到这些来自埃及这等乌合之众的侮辱却无动于衷,难道不是耻辱吗?
>
> 埃及人在厚颜无耻方面举世无双,他们最缺乏的是勇气。

最让人无法饶恕的是,他们不是由一个男人统治,而是甘愿做一个女人的奴隶。他们觊觎我们的土地,并且试图利用我们的同胞夺走我们的土地!

一边是士气大涨的屋大维军队,一边是因为远征失败、穷途末路的安东尼残部。屋大维在这次海战中大获全胜,安东尼回天无力,自杀身亡。

一年后,屋大维攻进了埃及。此刻,克利奥帕特拉还怀有希望,期盼发生在恺撒和安东尼身上的奇迹同样也会在屋大维身上发生。她要保全自己的孩子、自己的国家。于是,克利奥帕特拉拿着恺撒的信,试图引诱和打动屋大维。

克利奥帕特拉说:"恺撒曾经说过,'即使你收获了全世界,如果没有人与你分享,你将备感凄凉'。你如此偏执地想置我于死地,置恺撒唯一的亲生儿子于死地,元老院不会放过你的,你将被罢黜!"

屋大维傲慢地说:"不,以后,不会再有元老院了。罗马将成为帝国,我将是第一个皇帝,不再有元老院的掣肘。我不会允许还有人能威胁我的地位。"

克利奥帕特拉还想挣扎:"这不可能。光荣的、伟大的罗马共和国怎么会允许这样的事发生?我有钱,埃及有钱,如果你还想征服更多的国家,你就需要我。就像恺撒和安东尼无法离开我,无法离开埃及的供给一样。"

屋大维毁了她最后的希望:"不。我不需要埃及的配合。马上,埃及就只是罗马的一个行省了,埃及是我的,与你再没有关系了。我想要多少供给,我自己拿,再也不需要跟你谈判了。夫人,你在我眼中，只会让罗马堕落，只会让庄严变成笑话。我必须来终结这种让帝国蒙羞的行为。"

关于克利奥帕特拉之死，现在有两种说法：一是屋大维杀了她，一是她借毒蛇自杀。我更愿意相信第二种，这才符合一代女王的悲壮。

历史学家普鲁塔克和迪奥认为，屋大维并不想克利奥帕特拉死，因为他想把这位被俘的女王带回罗马，展现自己的功绩。故事的最后，克利奥帕特拉和安东尼葬在了一起，而她和恺撒以及安东尼的几个孩子，也全部被处死了。

世人常常感叹克利奥帕特拉的妖媚美艳，但重看这一段历史，我们会发现她不仅不是一位妖妇，反而是一位能在强敌面前竭力保全自己国家的女政治家。只不过，她能用来谈判的筹码很少，所以，只能献上自己。

克利奥帕特拉用自己的智慧保护了埃及22年，只从这一点而言，她已经超额完成了自己的历史使命。至于爱情，她的一生虽然短暂，却能让罗马历史上非常杰出的两位统治者为其倾心，心甘情愿地保护她、保护她的国家。这般传奇的故事，足以在世界史中留下浓墨重彩的一笔。

伊丽莎白一世
嫁给英格兰,开启大英帝国的黄金盛世

英国历史上,有几位女王都令人印象深刻,其中肯定少不了这位"荣光女王"——伊丽莎白一世。

伊丽莎白一世被称为世界历史上最贤明的君主之一。是她,将英格兰从一个欧洲二流小国,变成了欧洲强国;是她,号令英格兰海军,打败了西班牙的无敌舰队,为英国的海上霸权地位奠定了基础;也是她,推动了英格兰和苏格兰的统一,让整个英国进入了文化与哲学蓬勃发展的黄金时代,才有了后来"日不落帝国"的辉煌。

伊丽莎白一世曾说过,她把自己嫁给了英格兰。这一切,都得从1533年(也就是伊丽莎白一世出生那年)说起。

伊丽莎白一世的父亲亨利八世,是英国都铎王朝的第二任国王。据史料记载,亨利八世是有名的"杀妻狂魔",先后娶过六任王后。这些王后要么被抛弃,要么被囚禁至死,还有的更残忍,直接被斩首。唯有第三任王后比较幸运,因病身亡。

伊丽莎白是亨利八世的第二任王后安妮·博林所生,甫一出生,她就进入了王位继承人的序列;而第一任王后所生的女儿,也就是她同父异母的姐姐玛丽,则被当作私生女,成了伊丽莎白的侍从。

但是好景不长,在伊丽莎白3岁那年,母亲安妮·博林因为叛逆罪被处死,伊丽莎白也和她的姐姐玛丽一样,从嫡出公主沦落为私生女,成了她同父异母的弟弟——爱德华王子的侍从。不过,好在玛丽和伊丽莎白依旧享有王位继承权,只是排在了爱德华王子之后。

1547年,亨利八世去世,年仅10岁的爱德华王子继位,但他在位6年就病逝了。经过一番政权斗争,他的姐姐玛丽正式加冕为英格兰女王,成为"玛丽一世"。

当时,正值天主教与新教争夺宗教权力,玛丽一世是极其虔诚的天主教徒,即位后,就试图在英格兰复辟罗马天主教,取代父亲亨利八世提倡的英国新教。为此,她下令烧死了大约300名新教徒,也因此被称为"血腥玛丽"——这个称呼后来甚至成了女巫的同义词。

原本信奉新教的伊丽莎白,也在姐姐的逼迫下,假装改信天主教。伊丽莎白的内心极为痛苦,小小年纪的她不得不接受母亲被父亲处死的事实,几番政变又带给她难以想象的压迫。幸好,她的最后一任继母凯瑟琳·帕尔对她还算不错。

在这个阶段,伊丽莎白受了很好的教育。她曾经用意大利语给凯瑟琳·帕尔写信,还给诗歌写序:

我明白，不论怯懦还是懒惰，都非一位有理性的人的作为，而且不管是铁器还是其他金属工具，都必须不断使用，否则的话，它会生锈。同样的道理，任何男人和女人的才智都来自不懈的学习和探索，否则的话，就会变得愚昧无知，就无法明晰事理，或者根本就不会有所作为。

这段话，也表明她拥有坚毅的性格、聪明的头脑。在为人处世方面，她8岁时的表现就已经超过了40岁的女人。她的宫廷教师曾经这样形容：

我教她知识，她教我应对人世。

亨利八世去世后，最后一任皇后凯瑟琳·帕尔就改嫁给了情人托马斯·西摩，还把年幼的伊丽莎白也带过去一起生活。但是她们没想到，托马斯趁凯瑟琳怀孕的时候，竟然打起了伊丽莎白的主意，这给当时才14岁的伊丽莎白留下了严重的心理阴影。

而当凯瑟琳死于产褥热之后，托马斯甚至还想通过迎娶伊丽莎白来控制王位继承权，并以她的名义发动了叛变。

所幸，叛变最后失败了，托马斯被判处死刑。受到牵连的伊丽莎白因此受审，被关在伦敦塔里2个月，随时可能被砍头。虽然最终被无罪释放，但这件事对伊丽莎白造成了很大的伤害，从留存下来的文字中，我们可以发现她的内心何其煎熬：

从我母亲被我父亲送上断头台开始，我的命运就改变了。

我从一个王位继承人变成了私生女，变成了弟弟的仆人。我看到了人们因为权力的变化，对我的态度会变得截然不同。

觉得我过于早熟吗？如果你曾在我那样的位置，你也会察言观色，会想得很多。

姐姐把我投进监狱，还想给我指定婚姻，试图控制我。不，我绝不同意。

姐姐与西班牙腓力二世的婚姻，引起了全英国人民的反对，掀起腥风血雨。托马斯·西摩想欺骗14岁的我跟他结婚，以后就能自动成为国王。不，我绝不同意。

作为一位公主，我的感情生活不是能够随心所欲的。爱情必然与政治斗争、与权力相勾连，我逃无可逃。

1558年，没有子嗣的玛丽一世去世。次年1月，26岁的伊丽莎白正式加冕为女王，成为举世皆知的伊丽莎白一世。甫一继位，她就展现出了自己的政治手腕。

首先是宗教。当时的新教与天主教势均力敌，互相审判和迫害对方。伊丽莎白一世虽然确立新教为国教，却从不参加宗教活动，也不谈论宗教，这样的态度既认可了新教，也并没有削弱天主教的力量，使得两种信仰得以兼容于世。

其次是统治权。伊丽莎白一世建立起一个完全听命于自己的枢密院和政府，统治地位日益稳固。

只不过，作为妙龄女性，婚姻大事成了她不得不面对的问题。可是，女王一旦结婚，她的丈夫就会自动享有"英格兰国王"的称号。这样一来，好不容易才稳定下来的政治局势和王位继承权，很可能又会受到影响。

其实,伊丽莎白保持单身,也是出于一种政治考量。在很多历史学教授眼里,"伊丽莎白一世在外交上最大的秘密武器,就是她终身未嫁"。她把自己的婚姻大事当作英格兰最大的外交筹码。

作为当时欧洲最有权势的女人,年轻漂亮的伊丽莎白一世可以说是最受欢迎的结婚对象。从西班牙国王腓力二世,到瑞典王子埃里克、苏格兰的阿伦伯爵、法国的阿朗松公爵、神圣罗马帝国的查理大公,有无数的王公贵族先后向她求婚。可伊丽莎白一世既没有答应,也不拒绝,只是想方设法钓着他们,尽可能地为英格兰获取利益。

当枢密院一而再,再而三地催她结婚的时候,33 岁的伊丽莎白一世,只说了一句话:

我只有一个丈夫,那就是英格兰。

话虽如此,但实际上,她也有自己的意中人——罗伯特·达德利伯爵。

当伊丽莎白一世还被关在伦敦塔的时候,罗伯特也是那里的阶下囚。因为政治立场的问题,他的父亲被玛丽一世砍头,他本人也命悬一线。两个惺惺相惜的年轻人,在苦难中建立起了深厚的感情。此外,罗伯特·达德利还能征善战,曾领军大战法国。

可他们之间最大的问题在于:罗伯特是有妻子的,而且他的妻子还得了重病。那时候,整个英国似乎都以为,罗伯特会在妻子病逝后迎娶女王。

但意外总是来得猝不及防。罗伯特的妻子离奇死亡,而罗伯特则成了杀妻嫌疑犯。虽然法医最后认定死者是自己从楼梯上摔下来的,但罗伯特的名声已经受损,再也没有迎娶女王的可能了。

即便如此,罗伯特依旧是伊丽莎白一世最信任的人。

1563年,伊丽莎白一世由于担心法国人联手她的表亲——苏格兰女王玛丽·斯图亚特,入侵英格兰,撼动她的统治地位。不得已之下,她想了一个权宜之计:先答应立玛丽为自己的继承人,然后让罗伯特迎娶玛丽,这样就能通过控制罗伯特,来制衡玛丽。她对罗伯特提出要求:

> 罗伯特,我已经写信给苏格兰女王玛丽·斯图亚特。我将派你送信,到时,你们将成婚,这将是苏格兰和英格兰期待已久的婚礼。
>
> 我当然想留你在我身边。但是,你与玛丽·斯图亚特结婚后,你将成为苏格兰的国王,掌有苏格兰的权力,你与她的孩子将会成为苏格兰的继承人。
>
> 还有,玛丽·斯图亚特是天主教徒。如果我要两个教派之间和平、团结,我必须要给她挑选一个新教贵族作为丈夫。这样才能平衡她的权力。没有比你更合适的人选了。
>
> 你不是说愿意为我,为我的英格兰做任何事情吗?我相信你永远忠诚于英格兰。那对于英格兰来说,我们两个国家的联合就更加紧密了。

而罗伯特·达德利并不乐意:

荒唐！我爱的是你，女王。你为什么不能与我结婚？我可以辅佐你，成为英格兰的国王，我们的孩子将成为英格兰的继承人。你不与我结婚，难道你还要嫁给那些觊觎英格兰的、讨厌的外国王公吗？

我不愿意你把我当作一个赠品送给别的女人，为你的权力锦上添花。

伊丽莎白说：

我要为英格兰着想，不能只想着自己的爱情与快乐。

事情并没有按照伊丽莎白一世的预期发展，玛丽最终挑中了达恩利勋爵亨利·斯图亚特。罗伯特也在苦苦等了伊丽莎白一世18年后，娶了一位美丽的寡妇。

不管怎样，伊丽莎白一世的确一辈子都没有结婚，她也因此得了一个"童贞女王"的称号。而除了这个称号，伊丽莎白一世还有一个称号——"海盗女王"。

当初，她继承的不光有王位，还有因为父亲亨利八世发动战争而带来的巨额财政赤字。那时候，英格兰贵族的经济收入开始走下坡路，这成为女王必须要解决的问题。伊丽莎白一世和贵族们应该怎么办呢？思前想后，他们盯上了一个不光彩的职业——海盗。

弗朗西斯·德雷克是当时最有名的海盗，向王室进贡了大量的财宝，伊丽莎白一世也向他抛出了橄榄枝。1581年4月，伊丽莎白一世亲自登船，赐德雷克皇家爵士头衔，并对他说：

德雷克爵士，我还记得，1571年，你在西班牙加勒比海地区殖民地港口和商船上所获甚丰，带回6.6万英镑的财富。1577年，你绕过麦哲伦海峡到达美洲西海岸，也缴获金银珠宝无数。这第三次，你终于横穿太平洋和印度洋，返回英国，成为第一个环球航行的英国人。可喜可贺。我要为你封爵。

目前，英国海军尚远远不能与西班牙舰队相提并论；但你的游击战，有效地削弱了西班牙海军。你的环球航行，令世人皆知英国实为海洋强国，人人均对海外冒险心生向往。

这些财富和声望，都是你和你的船员们应得的。

9月，德雷克成为普利茅斯的市长，之后又成为议会议员。他的船一进伦敦，便引得万人空巷，男女老少为他和他的船员行欢迎礼，使得一路水泄不通，寸步难移。

德雷克等人成为当时赫赫有名的"皇家海盗"。因为获得了女王的默许和鼓励，并持有"私掠许可证"，他们可以随意拦截、攻击、俘虏和抢劫敌对国的商船，甚至袭击敌对国殖民地的港口。而作为幕后支持者的伊丽莎白一世，也从这些海盗行为中，获得了巨额分红。

不过，这些皇家海盗之所以能在英国历史上留名，还有更重要的原因。

1588年，西班牙无敌舰队入侵英格兰。当时，西班牙派出了130艘船，而英格兰只有34艘船属于王室海军，其余都是向民间征用的改造船，实力悬殊，令人不安。

出发前，女王曾对集结的部队说：

虽然我有一个女人柔弱的身体，但是我拥有一国之君的心胸。

但这一次，英军的运气很好。西班牙的无敌舰队长途远征，不断遭遇风暴，而且大船的灵活性不足，种种原因，最后使得西班牙舰队大败而归。而英国人则认为是女王的演讲鼓舞了士气。

在这场海战中，英国舰队的实际总指挥和前锋指挥官，正是海盗头目德雷克和约翰·霍金斯。这次胜利，对英国未来在海上称霸有着重要作用。当然，支持海盗的这种行为，既是伊丽莎白一世的谋略，也是她政绩上一个绕不过去的污点。

后来，没结婚也没孩子的伊丽莎白一世，把王位传给了苏格兰国王，也就是她表侄女玛丽·斯图亚特的儿子詹姆斯一世。虽然都铎王朝随着伊丽莎白一世的去世走到了尽头，但詹姆斯一世的继位，直接促成了英格兰与苏格兰的统一。这也算是伊丽莎白一世对国家贡献的最后一份力量。

毋庸置疑，伊丽莎白一世是一位杰出的政治家。在弱肉强食的世界里，她成了主导者和规则的制定者，一句"我嫁给了英格兰"，更是高瞻远瞩。她也拥有过爱情，至于没有结婚、没有孩子，对于她传奇的一生来说，可能已不算是什么缺憾了。

叶卡捷琳娜大帝
利用男人的效忠走向辉煌的女沙皇

欧洲历史上有过一位狂傲的女沙皇,她曾经放话:"假如我能够活到 200 岁,全欧洲都将匍匐在我的脚下!"

这就是俄国君主制时代唯一被冠以"大帝"称号的女皇——叶卡捷琳娜大帝。

她是俄国罗曼诺夫王朝当中,旁人无法企及的存在。她并不是命定的统治者,却成了最杰出的君主。

1729 年,叶卡捷琳娜出生在普鲁士王国。那时候,她还不叫这个名字,而是叫索菲娅。她的父母都来自普鲁士的附属小公国,一个是亲王,一个是公主,看起来身份显赫,但实际上,两家人都已经落魄了,没什么势力和财产。女儿未来的婚姻,成了他们重回权贵行列的唯一希望。

当时,除了扩张势头很猛的普鲁士王国,俄国的实力也很强,雄踞一方。时任普鲁士国王的弗里德里希二世,一心想要统一德意志，迫切地需要一位盟友。巧的是，沙俄女皇伊丽莎白也正在为继承人——她14岁的外甥彼得，挑选结婚对象。于是，俄普两国一拍即合。

弗里德里希二世挑中了14岁的索菲娅，不久就把她送到了俄罗斯。为了得到俄国的认可，索菲娅改信东正教，并改名为叶卡捷琳娜，而在和彼得订婚后，她就以"太子妃"的身份住进了圣彼得堡。但是，纯粹的政治婚姻，并不能让两个年轻人互生情愫。

在14岁的彼得第一次见到同龄的叶卡捷琳娜的时候，他就说自己爱上了女王的宫廷女侍臣，想跟她结婚。但女侍臣的妈妈犯了错，被女王打发到了西伯利亚，所以女王一定不会允许他跟罪臣之女结婚的。彼得称，自己是被迫跟叶卡捷琳娜结婚的。

这使叶卡捷琳娜十分震惊，她后来写道：

> 我面红耳赤地听着他倾吐自己的秘密，感谢他对我如此信任，可是在心里，他的轻率和判断力的缺乏却令我大为震惊。
>
> 在我们初见的那十天，每次见到我和我的母亲时，彼得看上去总是很开心。我意识到，他对自己注定要统治的这个国家毫无兴趣。他非常幼稚、癫狂，我总是沉默不语地倾听着，这让我赢得了他的信任。

1745年8月，16岁的叶卡捷琳娜和彼得在俄国宫廷举办了一场号称"全欧洲有史以来最华丽的婚礼"。然而，新婚并没有给叶卡捷琳娜带来任何的幸福感。彼得身体羸弱，得过天花之后满脸痘印，性情又乖戾。两人新婚不久就分居了。

在新婚的2周后,彼得又笑逐颜开地对叶卡捷琳娜说,他与女王的另一个宫廷女侍臣相恋了。他甚至还对别的大臣说,自己的妻子远不如这个女侍臣迷人、有魅力。

在《回忆录》[①]里,叶卡捷琳娜这样回忆自己的新婚:

> 我亲爱的丈夫对我毫不在意,他永远都跟他的仆人们躲在自己的房间里玩着过家家的游戏。他们装扮成士兵,他来训练他们,他自己每天还要把军装换上二十次,没有一个人能跟我聊天。
>
> 倘若我的新婚丈夫尚有爱的能力,或者向我求爱的意愿,我都乐意对他心怀爱慕。然而,在完婚后的头几天里,我对他形成了一种可悲的认识。我告诉自己,如果你允许自己爱上那样的男人,那你就会成为全世界最可悲的人。按照你的脾性,你会期待得到对方的回应,可是这个男人对你却几乎视若无睹,他只会聊着他的玩具士兵,更在意其他女人而不是你。

婚后多年,叶卡捷琳娜仍然是处女,彼得却风流韵事不断,不仅公开追求其他女人,还包养情妇。此外,他竟然还怂恿叶卡捷琳娜去跟其他男人谈情说爱。心灰意冷的叶卡捷琳娜接受了丈夫的"热心提议",偶尔会和年轻英俊的贵族一起享乐。

不过,身为未来的皇帝和皇后,彼得和叶卡捷琳娜必须履行自

[①] 下文回忆录的内容转引自罗伯特·迈锡的《通往权力之路:叶卡捷琳娜大帝》。

己的职责。在叶卡捷琳娜25岁的时候,她终于生下了长子保罗。但伊丽莎白女皇却抢走了保罗的抚养权,不准叶卡捷琳娜亲自照看。

在备受丈夫冷落,孩子又不在自己身边的那段时间,读书成了叶卡捷琳娜消解孤独的唯一途径。从塔西佗的《编年史》,到孟德斯鸠的《论法的精神》和伏尔泰的《风俗论》,她读了不少历史书和哲学书。叶卡捷琳娜自称:

> 无时没有书本,无时没有痛苦,但永远没有快乐。

生下孩子的第二年,叶卡捷琳娜认识了23岁的波兰帅小伙波尼亚托夫斯基。作为使臣,他会6国语言,且能言善辩,叶卡捷琳娜对他几乎是一见倾心。同样,波尼亚托夫斯基也倾慕叶卡捷琳娜,为了能够陪在她身边,他找各种借口,在俄国生活了足足一年半。在此期间,叶卡捷琳娜还为他生了一个女儿,只可惜,这个孩子一岁多就夭折了。

彼得并不在意妻子的移情别恋。哪怕是和妻子的情人面对面站着,他也能恬不知耻地大开玩笑。

一次,彼得派人把波尼亚托夫斯基押了过来,对他开玩笑说:"波尼亚托夫斯基,你老实告诉我,你是不是和我的妻子睡过觉了?如果你实话实说,那一切都好说。不老实交代的话,你可要有苦果子吃了。"

波尼亚托夫斯基狡辩道:"彼得大公阁下,我没做过的事情你让我说什么?"

彼得以此跟叶卡捷琳娜谈判,约定从此她不管他的风流韵事,他也不会在意她寻欢作乐。作为回报，彼得还安排了三个人的会面。他嘲笑波尼亚托夫斯基："你干吗不从一开始就对我交心交肺呢？你是不是个大傻瓜啊？要是你对我坦诚一点儿，哪还会出这些乱子呢？好了，咱们就算是好朋友了。我想这会儿应该有人很想念你吧。叶卡捷琳娜，进来吧！我把他交给你了！但愿我让大家都开心了。"

叶卡捷琳娜面不改色地说："彼得，你还是应该安排一下内阁，叫咱们的这位波兰朋友可以继续留在俄国。"

彼得说："没问题，我马上写。我想你们不再需要我了，至于你，波尼亚托夫斯基，你愿意在这个房间里待到什么时候，就待到什么时候。"

彼得一点儿也不在意这桩丑闻被公之于众，因为几乎所有人都知道了。然而，他的姨母，也就是伊丽莎白女皇很生气，立刻把波尼亚托夫斯基遣返回了波兰。

不过，宫廷里从来不缺新欢。很快，叶卡捷琳娜又有了新的情人，一个比她小5岁、高大英俊的近卫军将领格里高利·奥尔洛夫。而她和丈夫彼得的关系依旧冷淡。

当时欧洲的局势也不如人意，俄国并没有和普鲁士结盟，而是选择跟奥地利一起对战普鲁士。战火在欧洲大陆大肆蔓延，而在很大程度上，叶卡捷琳娜也成了两国联姻的牺牲品。

然而，彼得并没有和自己的国家站在一条阵线，他公开说，如果自己即位了，就要结束与普鲁士的战争，还要和普鲁士联合起来，攻打俄国现在的盟国奥地利。更离谱的是，彼得很崇拜普鲁士国王弗里德里希二世，甚至把俄方统帅部的作战计划悉数透露给了他。

1762年，伊丽莎白女皇与世长辞，皇储彼得登基，成为彼得三世。随即，他宣布与普鲁士停战，先是疏远了俄国原先的盟国，羞辱了东正教会，后又对普鲁士派来的公使极尽谄媚。原本在俄国的进攻下，普鲁士几乎全军覆没了，忽然间，俄国全面撤军，还把自己花了好几年占领的土地全部还给普鲁士。弗里德里希二世起死回生，逃过一劫。这段历史被称为"勃兰登堡王室的奇迹"，全欧洲也为之哗然。

而在此时，叶卡捷琳娜生下了她和情人奥尔洛夫的孩子。

彼得三世登基后变得越发蛮横无理，曾数次公开表示，要休掉叶卡捷琳娜，迎娶他的情人。夫妻关系已经势同水火。对此，叶卡捷琳娜决定先发制人。

1762年7月，登基半年的彼得三世，按照行程离宫度假。他没有想到的是，他前脚刚走，叶卡捷琳娜就召集了一大批宫廷重臣，发动了政变。她得到了以奥尔洛夫为代表的近卫军的全力支持，也得到了哥萨克军队司令官、近卫军上校兼科学院院长拉祖莫夫斯基伯爵的支持。拉祖莫夫斯基去科学院，下令印刷部主任秘密印制公告：

> 我要你向全国印刷一份公告，宣称彼得三世放弃皇位，由叶卡捷琳娜继位。彼得三世犯了叛国罪，我们为了俄国的国家利益，需要更英明的沙皇。现在，你的命，我的命，全都危在旦夕，就照我说的办！

随后，叶卡捷琳娜也向近卫军发表了演说："亲爱的近卫军们，如今你们的沙皇背叛了我们的国家，背叛了你们死去的兄弟姐妹，背叛了你们的浴血奋战，背叛了你们的信任与热爱。他恨我反对他，要与我离婚，娶他的情人。我与保罗王子的性命受到了威胁。为了我深爱的国家，和大家心中神圣的东正教，而不是我个人的利益，我不得不乞求近卫军的保护。这样，我们的国家才有希望！"

而早有准备的奥尔洛夫已联合了数十位军官拥护叶卡捷琳娜，此时，大家一起宣誓："我们愿意誓死效忠叶卡捷琳娜女皇！"

在近卫军的护卫下，叶卡捷琳娜顺利来到了喀山圣母大教堂。大主教庄严地宣布，叶卡捷琳娜继承帝位，成为叶卡捷琳娜二世，同时，立她的长子保罗为皇储。得到宗教领袖的认可后，叶卡捷琳娜又来到议会与圣议会，发表她作为女皇的就任宣言：

在这国家与东正教信仰岌岌可危之时，忠诚的臣民们已清楚地表达出了自己的意愿。现在在天意的护佑下，为了让俄国摆脱对外国势力可耻的依赖，我，不得不向臣民做出让步——登上皇位，带领俄国人民，驱逐我们国家的叛国者，引领国家走向富强。

到了傍晚，叶卡捷琳娜已经掌握了军队、议会、圣议会和各行政机构。此刻，她决定亲自去逮捕尚不知情的丈夫。惊慌失措的彼得三世不得不写下退位声明：

我必须承认，我毫无治理国家的能力，在统治期间，俄国的衰退我负有全责。

我，彼得，完全出于自愿，不仅向俄罗斯帝国，而且向全世界庄严宣布,在有生之年,永远放弃俄国皇位。在任何时候,无论何人提供支持,我都永不谋求复位。上天做证,即日我立下如此誓言。"

彼得三世被囚后不久就离奇去世了。他留下的,是一个国库亏空、民生凋敝的国家。

幸运的是,叶卡捷琳娜是一位很有魄力的君主。

一方面,她确立了国家高于教会的格局,把权力尽可能集中到自己手中。她命令统计东正教拥有的巨额财富,将教会土地国有化,关闭了全国三分之二的修道院,使教会与公共事务分离。她还进一步加强了中央集权。

另一方面,她在稳固农奴制度的同时,积极地开始了对外扩张。而在俄国开疆拓土的这些年,一名堪称伟大的将领波将金,走进了叶卡捷琳娜的生活。

这一生中,波将金为叶卡捷琳娜开疆辟土,战功赫赫。他曾打败奥斯曼帝国,吞并了南乌克兰;打通了通往黑海的出海口,吞并了克里米亚,建立了黑海舰队;还剿灭了普加乔夫起义。当然,这个过程,离不开叶卡捷琳娜对他的无比信任、宠爱与赐予权力。

叶卡捷琳娜在给波将金的情书里写道:

"我向您真诚地忏悔:我曾有过很多位恋人。有时,做决定的时候,我就为自己的选择感到难过,至今这种感觉仍旧难以名状。然后,一位骑士出现了。他凭着自己的丰功伟绩和仁慈善行,令所有人为之着迷。所有人都不知道,我已经将他召唤至身边了。

好了,骑士先生,做完这番忏悔之后,我是否有望得到您的宽恕呢?倘若您愿意永远拥有我,那就让我同时拥有超乎寻常的友情与爱情吧!爱我,把您的真心话讲给我听。

波将金也在情书中表达了自己深深的爱意:

我最最亲爱的,请允许我将最后这几句话一吐为快,希望您不要因为我对这份爱的担忧感到惊讶。除了给我不可计数的礼物,您还将我安放在了您的心中。可是,我希望那里只有我一个人,因为没有人能像我这般爱您。我是您所造就的,因此我希望您能保全我的地位;希望您能尽一切可能给予我安慰;希望高高在上、日夜操劳的您也能从中得到宁静。

叶卡捷琳娜想必很清楚,一位骁勇善战的骑士,此时此刻对她来说意味着什么。在波将金的帮助下,叶卡捷琳娜在位期间,曾发动两次针对土耳其的战争,还和普鲁士、奥地利一起,三次瓜分波兰,并侵占了立陶宛、白俄罗斯等国家的土地。据统计,俄国的土地面积,至少因此扩大了67万平方公里。正是因为有了这样的成就,叶卡捷琳娜才能公开宣称,要让全欧洲都匍匐在她的脚下。

除却军功,叶卡捷琳娜还是一位深受启蒙主义影响的开明君主。当上女皇后,她经常慷慨地资助国内外的哲学家和艺术家,其中就有法国启蒙运动领袖伏尔泰。叶卡捷琳娜与伏尔泰有过很多的书信往来，在给伏尔泰的信件中，她写道：

亲爱的伏尔泰阁下，从17岁起，我能自由地支配我的时间以来，您的著作是我最好的师友。

伏尔泰回信道：

亲爱的女皇陛下，您是北方最明亮的星斗。如果我还年轻，我真想当俄国人。虽然我未能踏上您统治下的广袤国土，但有朝一日，我愿意埋骨俄罗斯……

由此可见，叶卡捷琳娜的确深受启蒙思想的影响。与此同时，伏尔泰也很钦佩这位了不起的女皇。据说，在伏尔泰卧室的床前，就挂着一幅叶卡捷琳娜的肖像画，而叶卡捷琳娜则在伏尔泰去世后，花重金买下了他6900多册著作和信件。有人说，正是因为叶卡捷琳娜的开明，俄国甚至欧洲的文艺才有了走向璀璨的可能。

1796年11月，叶卡捷琳娜病逝。后世为了纪念她，尊称她为叶卡捷琳娜大帝。

在她统治的34年里，俄国无论是领土面积还是人口，都跃升欧洲第一，使其欧洲霸主的地位难以被撼动。不仅如此，在叶卡捷琳娜的推动和资助下，俄国文学艺术界才迎来了全盛，18—19世纪的俄国才会涌现出无数璀璨如明珠的文学家、哲学家和音乐家。

虽然叶卡捷琳娜拥有过十多个情人，但这并不意味着她只是贪图享乐的女人。她的爱，只会给那些能帮助她统治国家的男人。这也是为何在俄罗斯的历任女皇中，只有叶卡捷琳娜才有资格被冠以"大帝"的称号。她不仅真正掌控了自己的命运，还带领国家走向了富强与文明。

凯瑟琳·美第奇
从"傻白甜"到毒蛇王后

在法兰西历史上,有一位非常著名的"高跟鞋王后"。身高不足1.5米的她,为了能在婚礼上看上去更有气势,专门定制了一双10厘米的高跟鞋。她就是法国王室最有权势的"时尚女魔头"——凯瑟琳·美第奇。

凯瑟琳·美第奇是一位了不得的人物。一方面,她在欧洲大陆翻云覆雨,双手沾满鲜血,被人称为"毒蛇王后";另一方面,她大力支持文化艺术发展,引领着时尚潮流,一举把法国变成了文化、时尚与艺术之都。

有人说,单看她的姓氏就知道,这位女子,注定生而不凡。

美第奇家族是五六百年前欧洲显赫的贵族世家,出过2位王后、4位教皇、2位公爵和7位大公爵,统治佛罗伦萨长达300多年。这个家族是权力与财富的掌控者,也是地位和品位的象征,但因为利益,家族中的人不得不无休止地争斗。凯瑟琳·美第奇就出生在一个风波不断的时期。

1519年，凯瑟琳出生没多久，父母和祖母就相继去世，她被交给姑姑抚养。一直到凯瑟琳4岁时，她的叔叔，也就是克雷芒七世，成功地当上了教皇，才把她接回美第奇家族的宫殿里。

在争夺权力的斗争中，年仅8岁的凯瑟琳被家族对手劫为人质，软禁在一间修道院里。直到3年后，美第奇家族夺回佛罗伦萨的统治权，才把凯瑟琳接回了家。

不管是出于对侄女的疼爱，还是对家族利益的维护，教皇克雷芒七世做了一个决定：要给凯瑟琳找一门好亲事。当时，各国贵族一听到这个消息，纷纷上门求婚。他们心里清楚，凯瑟琳嫁给谁，谁就可以继承佛罗伦萨。此外，教皇还许诺，会给凯瑟琳准备6座城池作为嫁妆。

经过历时3年的挑选，教皇最终选中了时任法国国王弗朗索瓦一世的次子亨利。可这并非一个平等的婚约。美第奇家族虽然富有，但在王室眼里，终究只是暴发户般的存在。客观地说，凯瑟琳的长相并不好看，而且身材矮小。只不过，谁也不会拒绝唾手可得的财富。弗朗索瓦一世看中的，是凯瑟琳的嫁妆。

可麻烦的是，教皇克雷芒七世在凯瑟琳婚后未满1年就去世了，他答应给的巨额嫁妆自然也就没了着落。对此，弗朗索瓦一世愤愤地说："这姑娘简直是什么都没带就来了。"不管怎样，凯瑟琳已经成功地嫁进了王室，弗朗索瓦再多的愤懑也无济于事。

14岁的花季少女凯瑟琳对同龄的丈夫亨利一见钟情。然而，亨利却正眼都不想看凯瑟琳，因为他早就有了心爱的情人——比他大20岁的贵族寡妇戴安·普瓦捷。

虽然戴安已经不年轻了，但却是公认的大美人，而且非常聪明，活力四射。有恋母情结的亨利几乎把全部感情都给了戴安，对凯瑟琳非常冷淡。

在王室，凯瑟琳除了有钱，没有支持，没有后台，更没有丈夫的爱。她意识到，自己必须得想办法才能在宫廷里生存下去，而身为王室重要女侍官的戴安，也许是一个不错的突破口，哪怕她俩是不共戴天的情敌。

凯瑟琳·美第奇先从口腹之欲开始游说："戴安·普瓦捷小姐，你要尝尝我的佛罗伦萨厨师带来的美味吗？我们可以用叉子，还有精美的银器。我们可以尝尝洋蓟、莴苣、欧芹和松露。如果你不习惯用叉子，我可以教你，只要把食物切得很薄，就可以用刀尖戳着吃了。来，试试吧。"

戴安·普瓦捷说："殿下，这看起来真不错，我在法国宫廷这么多年都没有见过。这种香味是从哪里来的？我似乎从来没有闻过。"

凯瑟琳·美第奇说："这是佛罗伦萨香水师调配的佛手柑香水。戴安·普瓦捷小姐喜欢的话，那我送给你吧。"

戴安·普瓦捷说："殿下果然是美第奇家族之女，法国皇宫里可没有这么多稀奇古怪的东西……"

凯瑟琳·美第奇说："不必如此讽刺，戴安·普瓦捷小姐，我知道你不喜欢我。这枫丹白露宫里，没有人愿意跟我说话，包括我的丈夫。可是，我毕竟是太子妃，以后是名正言顺的王后，身后还有罗马教廷的支持。或许，你可以尝试多一个朋友、少一个敌人，对你、对我，都有好处。"

不仅针对戴安，为了获得大家的认同和支持，凯瑟琳花了很多心思，尤其是在时尚方面。从高跟鞋到穆勒鞋，再到香水、手套的发明，骑马装衬裤的改良，钻石切割工艺的精进，芭蕾舞剧的兴盛……这些关于美的艺术，都绕不开凯瑟琳的名字。这个佛罗伦萨女人，给法国王室带去了精致的艺术品位和优雅的生活方式，影响了法国宫廷几代人的审美。

在与亨利的结婚典礼上，凯瑟琳为了能在气势上压倒身材高大的戴安，命令鞋匠做了一双鞋跟10厘米的鞋子。这双鞋把凯瑟琳的体态衬托得轻盈飘逸，在现场出尽了风头。从流传下来的肖像画中，我们可以发现，婚礼上的凯瑟琳看上去甚至比新郎还要高挑。

权力带动潮流，"凯瑟琳的高跟鞋"成了权势的象征。而她脚上的尖头穆勒鞋，也成功地流行了400多年，直到今天，依然是很多时髦女郎的选择。

除此之外，凯瑟琳还推广了另一件影响了女性几百年的时尚单品：束胸衣。

据说，束胸衣最早由16世纪的西班牙人发明。这种紧身衣可令女性的胸脯高高耸起，同时将腰身紧紧束缚。在法国，凯瑟琳很可能是第一个穿束胸衣的女人。她认为，只要一穿上束胸衣，整个人就平添了不少自信。

凯瑟琳曾命人打造过一款金属质地的胸衣，前后左右共有4块铁片，通过螺丝合页来控制松紧程度，看着非常硬挺。不过，把铁片穿在身上终究不太舒服，所以，后来她又让裁缝改良出了更加贴合身型的鲸鱼骨胸衣。

在凯瑟琳的鼓吹之下，欧洲王室贵族的女子都以穿束胸衣为时髦，最终使得丰胸细腰成了美的标准，甚至后来法国还针对女性颁布了一条"禁止宽腰"的禁令。虽然束胸衣会让女性的肋骨变形，正常呼吸受影响，严重时甚至会无法生育，但当时很多人都被凯瑟琳的观念"洗脑"了。她们都认为完美女人的腰围是40厘米，只要能拥有这种身材，有什么苦不能忍受呢？

能够让这种不健康的时尚观念在欧洲贵族中流传200多年，可见凯瑟琳的影响力。

可不管凯瑟琳怎么努力，丈夫亨利对她的态度还是没有好转。出乎意料的是，她的情敌戴安想通了，对她伸出了援手。

在宫廷生活多年的戴安逐渐意识到，就算亨利再宠爱她，也不可能跟她结婚。如果亨利和凯瑟琳离婚，换了更年轻漂亮、家世更好的妻子，那么她的日子是不会好过的。于是，她劝亨利要多跟凯瑟琳在一起，而亨利竟然也对她言听计从。很快，婚后一直没有生育的凯瑟琳开始一个接一个地生孩子，在近15年的时间里，她总共生了10个子女。

在这段时间内，法国王室还发生了一件大事。1536年，亨利的哥哥意外去世，亨利成为王位的第一顺位继承人，并在1547年继位，成了亨利二世，凯瑟琳也顺理成章地当上了王后。

此后的12年中，亨利二世除了履行国王生育子嗣的职责，并没有对凯瑟琳投入过多的感情，他的心还是一如既往地在情人戴安身上。对于凯瑟琳来说，王室的生活也许就会这么平淡如水地过下去，但一场意外，彻底打破了表面的平静。

1559年4月，亨利二世在长女婚礼上的比武表演中意外被长矛刺中大脑和眼睛，生命垂危。在他病重的那段日子里，凯瑟琳一直衣不解带地照顾他。但在最后的时刻，两人依旧不和。

亨利二世说："我很累了，王后，你帮我叫戴安·普瓦捷进来吧。这是我人生的最后时刻了，我只想见她最后一面……"

凯瑟琳·美第奇生气了，她唰的一下拉开窗帘，让冷风灌进来。她说："陛下，你一直高烧未退，医生说你已经脑部感染了。看来你果然糊涂了，都什么时候了，你还想着她。国家和议会还有一堆事没有谈完，你要见的人还有很多！你见一个60岁的老女人做什么？她能帮你带孩子，还是帮你治国？是能帮你起死回生，还是帮你时光倒流？这些年你任性妄为，我身为王后，还要小心谨慎地讨好你的情人，这样的日子我受够了。从此以后，我不会让戴安和那些嘲笑我的人有好日子过的。我把内阁们都请进来，你马上宣布继承人。如果你不听我的吩咐，我会让你的情人以后过得更惨。"

11天后，亨利二世死于脑部感染，终年40岁。而从那一天起，凯瑟琳就把一支断了的长矛当作她的个人象征。长矛上面刻着一行字：

我的眼泪和痛苦由此而来。

悲痛之余，凯瑟琳没有忘记做一件事——处理丈夫遗留下来的大难题戴安。她吩咐，戴安不能参加国王的葬礼。戴安还想打动她，凯瑟琳发怒了：

"你错了。你不是我的朋友。你根本就不配拥有现在的地位。

你经常戴着的那颗'美第奇之珠'是我的教皇叔叔用他皇冠上最大的一颗钻石换来的,这是我的嫁妆!但是,它却被亨利借走,戴在了你身上。立即,马上,还给我!"

"还有你的那些珠宝,很多都是我的,是美第奇的。我会派人去你府上全部要回来。

"哦,你的府上,也是我的。亨利给你的舍农索城堡,我必须要回来!"

戴安·普瓦捷试图动之以情:"你不能这样!你染上猩红热的时候,是谁在照顾你?是我。你生下的孩子,是谁在负责教导?还是我。当初如果不是我劝亨利,他甚至不想见你,你又怎么能与他同床共寝?你生了10个孩子,也是因为我的好意才能达成。不然,你早被废了。"

凯瑟琳·美第奇却说:"你帮我,不过是因为我好控制罢了。我为什么没有杀你?就是因为你为我和我的孩子做过那么一点点小事。我已经够仁慈了。留下你的私人城堡和珠宝,滚吧。"

从这时候起,凯瑟琳彻底成为法国实际上的摄政者,但这并没有让她感到快乐。她的长子和次子都在继位后早逝。连续的丧子之痛让凯瑟琳备受折磨,而愈演愈烈的社会宗教矛盾,也让她的手段越来越残忍。

1560年,年仅10岁的查理九世成为法国国王。起初,凯瑟琳稳坐太后宝座,牢牢掌控着国家局势。但随着查理九世渐渐长大,他不再是乖乖听话的孩子了。不知从什么时候起,他和新教领袖科利尼的关系越来越好,法国的局势因此大受影响。

要知道,凯瑟琳的本家,也就是美第奇家族,可是罗马天主教皇一系的。所以,她绝对不允许这样的事情发生!

1572年8月18日,在凯瑟琳的刻意安排下,她的女儿玛格丽特和新教胡格诺派领袖之一的纳瓦尔国王亨利举行了婚礼。但即便是玛格丽特也没有料到,这场婚礼其实是凯瑟琳为新教徒敲响的丧钟。凯瑟琳默默地策划了一切,尽管她知道这会给她最爱的女儿造成巨大的伤害。她在心中暗自低语:

来吧,一切都来吧。我永远是天主教徒,不能让任何一个贵族控制国家,更不能让法国成为一个新教国家。

我可怜的玛格丽特·瓦卢瓦,我最美的女儿,我没有办法告诉她,她的婆婆,纳瓦尔国王亨利的母亲让娜·达布雷特,不是死于肺病,而是被我毒死的。

我没有办法告诉她,她的这个婚礼,其实是一个诱饵。我要让全法国的新教首领和教众都来庆祝婚礼,这样,我才能把新教徒一网打尽。

我没有办法告诉她,这个婚礼,将是一场法国新教徒的葬礼,天主教将因此而获得全面胜利,从此不再有异端。

可怜的玛格丽特·瓦卢瓦,我的女儿,她会生气,但她最后会理解她的妈妈的,这是为了法国,这是为了天主教,我会让她和她的夫君改信天主教的。

从"血色婚礼"开始,一场针对新教徒的全城大屠杀开始了。新婚的亨利被迫改信天主教,被软禁在宫内。天主教徒在巴黎城内杀红了眼,人们只要发现新教徒,就把他们拖出屋子处死,把尸体抛进塞纳河中,以至于后来,河水都被鲜血染红了。有人说当晚死了2000人,有的说是3000人。几周后,屠杀扩散到法国各地,所有的新教高官贵族都遭处决。

后来的历史学家们认为有70000人死于这次大屠杀。

一位来自米约的加尔文宗教徒记载道:"巴黎人在此后很长一段时间内都不吃河里的鱼,因为河水已被完全污染,尸臭扑鼻。"

这场惨剧被称为"圣巴托罗缪大屠杀"。法国历史学家阿莱特·茹阿纳写道:"巴黎的街巷潮湿异常,'就像下过一场大雨'——一位路过巴黎的斯特拉斯堡市民如是说。实际上,街巷中闪烁的不是雨水,而是鲜血。"

大屠杀过后,国王查理九世的健康状况急速衰退,他的良心备受折磨,2年后,24岁的查理九世去世,凯瑟琳·美第奇的第4个儿子亨利三世即位。但亨利三世很快就解除了母亲的权力,罢免了所有大臣,结束了她的统治。然后,他又把妹妹玛戈王后赶出了宫廷。

而玛戈王后的丈夫纳瓦尔的亨利,几年后逃出巴黎,建立了自己的军队力量。他一度兵临巴黎,这差点儿演变成整个欧洲的灾难。

1589年1月5日,70岁的凯瑟琳·美第奇病逝。同年,法国的瓦卢瓦王朝结束,波旁王朝正式拉开了序幕。

回过头去看,凯瑟琳·美第奇是法兰西历史上无法被忽视的存在。她的前半生,几乎都是在夹缝中求生存;而她的后半生,却是在控制子女、玩弄权术中度过的。但也正因为她的努力,法国日后才能成为"文化之都""时尚之都""艺术之都"。

当年，美第奇家族资助了一大批空前绝后的艺术大师。无论是米开朗琪罗还是达·芬奇，都给世界留下了珍贵的艺术瑰宝。即便是凯瑟琳自己，恐怕也没有想到，她对这个世界最大的贡献，不是政治上的权力游戏，而是对艺术的推动和保护。客观地说，凯瑟琳的政治手腕确实有其狠戾的一面，但她超前敏锐的时尚审美，才是她留给世间最宝贵的礼物。

能力篇

董竹君
把锦江饭店献给新中国

曾经有一位女子,出身贫困,甚至在战乱中被父母卖去青楼学唱,但她通过超乎寻常的努力改变了命运。最终,她成为上海滩最有名的女企业家之一,并且把自己的饭店无偿献给了国家,成为中华人民共和国接待外宾的功臣。这位历经艰难的传奇人物,就是锦江饭店的创始人——董竹君。

从青楼女子到都督夫人,从深宅大院里的豪门金丝雀,到敢于主动离婚、带着4个女儿闯荡上海滩的实业革命家,她的一辈子,胜过了别人的几辈子。

1900年,董竹君出生在贫民聚集的上海洋泾浜,父亲是黄包车夫,母亲是保姆。虽然家境贫寒,但父母宁愿节衣缩食,也要送小竹君去读私塾。那个年代,女孩子能够有这样的机会,已经很难得了。

但在她12岁的时候,父亲生了一场大病,欠了不少外债,一家人生活难以为继。无可奈何之下，父母只得把女儿送进了"长三堂子"，也就是青楼，去当唱戏的清倌人。"出租"3年，"租金"300元。这是一条不归路，但他们别无选择。

董竹君长得好看，又念了6年书，为人聪慧，很快就成了长三堂子里的红人，来听她唱戏的男人络绎不绝。

当时，民国临时政府成立不久，军阀林立，社会秩序混乱，革命党人常常到长三堂子开会，以掩人耳目。其中，有一位叫夏之时的蜀军军政府副都督注意到了董竹君，他喜欢她的聪慧，还表示愿意为她赎身。就这样，14岁的董竹君和26岁的夏之时相恋了。

董竹君很想抓住这个能改变命运的机会，但她深知，自己是一棵摇钱树，老鸨肯定不会善罢甘休，轻易让她离开的。另外，她见过太多男人了，也知道把希望完全寄托于"靠男人赎身"这件事上并不可靠。

在面对夏之时情真意切的承诺时，她没有被爱情冲昏头脑。夏之时承诺说："相信我，我会凑足3万元把你赎出来。我在乡下的太太得了重病，撑不过半年了，我会娶你为正妻，会一辈子都对你好。"

董竹君虽然只有14岁，但态度很坚决："我也想逃离这个鬼地方。这3年，我已经把我爹娘的债还清了，我不欠他们的，从此我是自由身了。但你想跟我结婚，要答应我4个条件：一、我不做妾；二、不要你出一分钱赎身；三、婚后，带我到日本读书；四、将来你从事革命，我来帮你料理家务。"

夏之时不解道："其他还好说，但不用我掏钱帮你赎身，你怎么能从长三堂子里出来呢？老鸨叫价这么高，我得慢慢凑钱。"

董竹君答:"我有我的道理。我又不是一件东西!再说,以后我和你做了夫妻,你一旦不高兴的时候,也许会说:'你有什么稀奇呀!你是我拿钱买来的!'所以,现在无论如何,我都不愿意你拿钱来赎我。我自有安排,你就照我说的做。"

可是,还没等他们有所行动,夏之时就因为革命党人的身份被袁世凯悬赏捉拿。事不宜迟,董竹君看准了机会,机智装病,支开了看守她的人,逃出了青楼。她在自传《我的一个世纪》中,详细记载了当时的情景:

> 这一回他一走,我把身上的丝罗绸缎服装统统脱掉,珠宝首饰不要了,也顾不得冷了,只剩下一套白色的内衣裤。又把金玉耳环、戒指等首饰都取下来……哆哆嗦嗦地一口气跑下楼梯,奔到弄堂口,赶忙叫了一部黄包车给了他这钱,叫他拉到日租界虹口爱尔近路二号夏爷居住处。在路途上,我顾不得车夫的劳累,直催他跑得快些。一路上,心惊肉跳地老回头张望,看有无追兵赶来。

顺利逃脱后,董竹君与夏之时会合。他们逃到了日本租界的旅馆,举行了婚礼,并按计划去了日本。

1915年,夏之时信守承诺,把15岁的妻子送进了东京女子高等师范学校读书。校园里的那段日子,是董竹君最安心的时光。虽然夏之时在她生完第一个孩子后,就回国继续开展革命事业去了,只留下她一个人在日本,但是她的生活并不孤单,反而非常充实。

不得不承认,董竹君的学习能力很强。她一边要完成学业,一边还要抚养孩子、操持家务。不仅如此,她只用了3年多的时间,就读完了理科的全部课程。

1918年,董竹君应夏之时的要求,带着孩子回到了老家四川合江。董竹君把整个家打理得井井有条,还生育了4个女儿和1个儿子,但这似乎并没有给她的婚姻带来更好的保障。

丈夫夏之时回国后当上了"靖国招讨军总司令",地位显赫,膨胀的欲望也随之而来。他开始巧立名目地设立关卡、强征捐税、中饱私囊。这些行为都令董竹君非常失望。

没多久,夏之时在派系斗争中失势,被解除了军职。他颇受打击,意志消沉下去,开始赌博、抽鸦片,染上了各种恶习。反观董竹君,她倾心于实业,开办了一家女子织袜厂和一家黄包车公司,成为当地小有名气的女强人。

眼看妻子的事业风生水起,满脑子大男子主义的夏之时更生气了,经常对妻女实施家暴,有一次,他竟然掏出手枪来威胁董竹君。而在子女教育的问题上,两人也有很大的分歧。

夏之时骂道:"女人就不要在外面工作了,应该在家里带孩子。你也别老想着让女儿们读书了,她们再读书,不还是要嫁人,要生孩子、带孩子吗?"

董竹君也很有主见:"你当初参加革命,不就是为了推翻吃人的旧制度,追求社会公正吗?怎么放在女人身上就行不通了?难道女人就不能独立、有才干吗?"

夏之时说:"女人独立有什么用?自维新以来,确实有一些巾帼英雄,很努力地挤进男人群体当中,结果呢?白白地被人玩弄!

结局很惨！就拿我们的大女儿国琼来说吧，她这么老实，你怎么能让她当时代的牺牲品呢？"

董竹君说："你的话完全没有道理。莫非女人愚昧无知，什么都不懂，就不会被人玩弄？有了文化、见识和才能，反而会被人玩弄？你错了！而且是大错特错！真正有才干的女人，是可以掌握命运的！上海的教育好，我要把女儿都带去上海读书，我要让她们都有出息！"

夏之时说："女人还想掌握自己的命运？你想反了吗？女人就该照顾家庭、照顾丈夫。按我来看，女孩根本连书都不应该读。"

很显然，夏之时的脚步已经跟不上思想进步的董竹君了，他们的争吵进一步升级，矛盾重重。董竹君也已经无法接受这样一个丈夫。

1929年秋，他们协议分居，董竹君一个人带着4个未成年的女儿，来到了上海滩，而夏之时则带着小儿子继续留在四川老家生活。最终，在1934年，他们正式离婚。夏之时甚至放话："你董竹君要是能在上海滩站住脚，我夏之时就用手板心煎鱼给你吃。"

这件事曾轰动一时，有报纸还对此进行了报道，标题叫作"夏之时家中难都督，将军街走出女娜拉"。这里的"娜拉"，指的是当时大热话剧《玩偶之家》里的女主角，她因为看清了丈夫自私虚伪的面孔，愤然离家出走，摆脱了男尊女卑的夫权束缚。这和董竹君的命运轨迹颇为相似。

只是，创业之路从来都不是一帆风顺的。早在离婚前的1930年，董竹君就创办了群益纱管工厂，但在2年后的"一·二八事变"

中,工厂被炸毁,她也因为结交共产党员被抓进监狱。

风波过后,她休整了一段时间,在1935年创办了"锦江川菜馆"和"锦江茶室",并且越做越成功,在上海滩名噪一时。当时,上海滩黑白两道的重要人物都经常光顾锦江川菜馆,其中就有"上海三大亨"之一的杜月笙。

眼见川菜馆刚有了起色,日军却大举进攻上海。当时,日本人想邀请董竹君到日本军部开一个"锦江"分店,但董竹君不想做汉奸。深知形势危急的她,迫不得已,只好暂时把"锦江"托付给朋友。在1940年,她带着女儿们登上前往菲律宾的海轮,逃离了中国。

万万没想到的是,太平洋战争很快爆发了。在菲律宾,董竹君带着女儿们在战火中四处逃难,多次险些被杀。一直到1945年,她们才重新登上了回上海的船,而等待董竹君的,是早已陷入困境的"锦江"。

经历过那么多的大风大浪,回国后的董竹君没有灰心,也没有慌乱,而是按着自己的规划足足整顿了半年,终于让锦江川菜馆起死回生,越做越红火。

中华人民共和国成立后的1951年年初,上海市委和上海市公安局决定,要在上海设立一个接待中央首长、高级干部及外宾的高级食宿场所。经过一番权衡,他们选中了声名远播的"锦江"。

对于董竹君来说,自己的事业能够为国家发展出一份力,也是一种爱国。但"锦江"毕竟是董竹君多年来的心血,大女儿夏国琼不忍心母亲就这样把自己的心血上交给国家,她说:"妈妈,您要想清楚,这可是您经营了16年,辛辛苦苦创立下来的事业啊,怎么说交就交呢!以'锦江'两店现在的价值,折合成黄金,得有三千两。再加上我们家的那套花园洋房也捐出去了,您真的舍得吗?"

51岁的董竹君回答:

"我一生参与、支持革命,就是为了报效国家这个大目标。你们几个姐妹都很有出息,都能独当一面,从来不在意金钱。我没有把这些东西当成自己的财产,你们都有自己的事业,我也不会留财产给你们。现在中国解放了,会有很多好事情要做。

"国琼,你放心。其实,我把'锦江'上交,对我自己、对你们几个都是很有好处的。

"第一,我一直坚持,思想必须正确,上交'锦江'说明我的思想跟上历史潮流了;第二,没有这份巨额财产,对你们几个也是一种鞭策。你们要刻苦学习,练就本事,以免将来有事的时候'做不来'。"

董竹君的选择非常有远见。之后,"锦江"两店搬迁,正式更名为"锦江饭店",由董竹君担任董事长。1951年6月9日,董竹君亲自主持了锦江饭店开业典礼。这是中华人民共和国成立后,上海第一家可供中央首长和外宾食宿与开会的高级饭店。

由于董竹君对国家、对社会的贡献,她多次当选为上海市人大代表,后来又连续6年担任中国政治协商会议全国委员会委员。因此,董竹君也被誉为光荣的"红色资本家"。

值得一提的是,董竹君的三女儿夏国瑛毕业于美国纽约大学电影技术学院。回国后,她参与创立了著名的八一电影制片厂,并且亲赴朝鲜战场,拍摄了中华人民共和国第一部战地纪录片。周恩来

总理曾对她们母女说:

  爸爸是副都督,妈妈是锦江老板,女儿是八一厂的创始人之一,你们一家两代都是国家的功臣哪!

  1997年,97岁的世纪老人董竹君去世。这一生,她经历战乱,经历不幸婚姻,经历牢狱之灾,却始终坚韧不拔,每次都能从谷底爬起来,再创人生新的辉煌。不管是在生活中还是在事业上,她都拥有高瞻远瞩的智慧,堪称"世纪的高峰"。

张桂梅
用生命托举着困境女学生走出乡村，改变命运

> 我生来就是高山而非溪流，我欲于群峰之巅俯视平庸的沟壑。我生来就是人杰而非草芥，我站在伟人之肩藐视卑微的懦夫！

这是云南丽江华坪女子高级中学的誓词。自2008年建校以来，这句誓词激励着每位女学生，鼓舞着她们勇敢往前冲，改变自己的命运。这一切，都来自张桂梅的推动。

作为华坪女子高中的校长和书记，她以一人之力，托举着1800多位女学生考上大学，走出大山，摆脱她们被困的命运。如今，她不仅是"全国先进工作者"，还是中宣部评选出来的"时代楷模"，习近平主席亲自授予称号的"全国脱贫攻坚楷模"、"七一勋章"获得者。

1957年，张桂梅出生于黑龙江省牡丹江市，母亲在48岁才生

下她。那时候，她的哥哥姐姐已经20多岁了。可还没等张桂梅长大成人，父母就去世了，因此，她从小跟着哥哥姐姐生活。

1974年，17岁的张桂梅跟着三姐来到云南支边，很快，她就在中甸林业局当上了播音员和宣传队队员。几年后，张桂梅成为林业局职工子弟学校的老师，从此走上了教育道路。

经过不断地学习和努力，张桂梅进入丽江教育学院中文系深造。在这里，张桂梅认识了她挚爱的男友，两人经常互相鼓励。毕业后，张桂梅与男友被派到大理市喜洲第一中学，他是校长，她是老师。两个志同道合的年轻人举行了婚礼。张桂梅就此有了一个温暖的家。夫妻俩感情很好，生活也过得有滋有味。

夫妻俩的教学生活一直很安稳，但一个噩耗突然降临，几乎把他们摧毁——丈夫被查出了胃癌晚期。他们变卖房产，拿出了家里所有的积蓄，总共筹集了20多万元。然而，这只是杯水车薪，她没能拯救一个胃癌晚期患者的生命。

丈夫去世后，张桂梅悲痛得几乎想要自尽。

她在丧夫的痛苦中过了整整一年，为了不让自己触景生情，她申请了工作调动，主动从大城市大理调到了小县城华坪。

1997年，张桂梅来到了华坪民族中学。在新的环境中，她感受到学校需要她，孩子们也需要她。那时候，当地居民的生活都比较贫困，很多学生吃不饱穿不暖，更不用说按时交上学费了。

有一次，一个女学生的父亲来交书本费。他从兜里掏出一叠皱巴巴的纸币，有些不好意思地对张桂梅说："我走了五六个小时，这些是我卖桃子的钱，现在只有这些了。等我手头有钱，再给你送来。"

那天，她动员了几个学生一块儿数钱，一分、五分、两毛的纸币，里面还夹杂着零星的几个硬币，脏兮兮的，总共不到50块钱。张桂梅把它们捆在一起放到抽屉里留作纪念，自己掏钱帮这个孩子交了书费。

这样的情况时有发生。张桂梅了解情况后，总是会提供力所能及的帮助：担负起孩子们的吃穿用度，帮他们交学费。但这样充实而简单的生活没过多久，1997年4月，噩耗再度降临，张桂梅被诊断出患有子宫肌瘤。她在后来的文字中记录下了当时的心情：

> 当我拿到医院诊疗书的时候，真是晴天霹雳。从医院到学校10分钟的路程，我走了40分钟。回到宿舍，我哭一会儿，站一会儿，一夜未眠。我不明白为什么命运要这么对我。先是我丈夫，他患癌支撑了一年多，我百般筹钱，在他身边照顾，依然救不了他。现在轮到我自己了。我没有医药费，也没有其他亲人，我该怎么办呢？

第二天，不管心绪如何混乱，张桂梅依然走进了教室，继续给孩子们上课。知道她身体情况的同事很担心，但张桂梅说："我是4个初中毕业班的老师，想陪孩子们走完这关键的几个月。他们来不及适应新的老师了，这是他们考学的机会，我不能走。放心，我吃了止痛药，顶得住。前年我为了给丈夫治病，已经花光了积蓄。现在没钱了，我就不打算治了。"

这件事情被越来越多的人知道了。在张桂梅去县里开会的时候，县政协委员全体起立，向她三鞠躬，感谢她对山区教育的贡献和支持。有一位政协委员说:"您为孩子们做的这些事,我们都记在心里。您是我们华坪教育界的楷模,家长和孩子们都会记住您的。您的病,必须治。我们绝不能捧着骨灰盒来宣传您。我们一定要让您感受到人间的快乐,我们就是您的亲人!"

这一次,张桂梅得到的,不再是人情的冷漠,而是身边人的热心帮助。大家纷纷凑钱,这才把张桂梅的手术费凑了出来。有一位学生的母亲,甚至连自己的 5 块钱路费都捐给她治病了,自己愣是硬生生地走了 6 个小时的山路回家。还有一次,张桂梅突然呼吸困难,学校里的几位老师冒着大雨去医院给她取氧气袋,一晚上跑了五六次。

幸好,张桂梅的病经过手术后,好转了很多。只不过因为手术后遗症,她的肠子粘连到了后背,肚子变得很硬,经常疼痛,人也黑瘦了不少。

身体恢复后,张桂梅又重新投入到教学工作中。那时候的她,既是民族中学的老师和班主任,又是华坪县孤儿院"儿童之家"的院长。她发现,孤儿院里女孩比男孩多,有些女婴即便身体健康,也会被父母丢弃。对此,她只能采取"你丢我捡"的办法。

慢慢地,张桂梅还发现,民族中学的女学生大多来自大山深处,常常读着读着就不见了。她不得不进到山里,去找那些"消失"的女学生。她了解到,这些女学生都是被父母逼着回家的。一个原因是学费太贵;但更重要的原因,还是重男轻女。不少父母都觉得,女儿要早早嫁人,来给家里换钱。有时候张桂梅敲门,介绍自己是老师,屋里有动静,却没人来开门。家长们怕她把女孩们领走,家里因此没了劳动力——他们根本不为女儿着想。

张桂梅去到学生家里，非要把孩子领回去继续念书。她甚至对一些女学生的父母说："你女儿读书不要你一分钱，我出钱给她读。"

张桂梅宁愿贴钱，也不能让班里50多个孩子辍学。但即使是不用出钱，不少家长也不愿意让女儿继续念书。更讽刺的是，有的家长不愿意让女儿念书，竟然是因为女儿晚上做作业得开灯，太浪费电。这让张桂梅很痛心。

有一次去深山家访时，她本来是满怀着希望的，对学生妈妈说："你女儿读高三了，正是关键时候，怎么能说不读就不读呢？她的成绩好，很有可能考上大学啊，怎么能放弃呢？"

女学生妈妈说："张老师，我知道你来山里一趟不容易。没办法呀，她弟弟上初二了，我得把她弟弟送去县城补习，还得陪着，这样家里就顾不过来了，只能让姐姐回家做家务。"

张桂梅很吃惊："你怎么就是想不明白呢？儿子还小，还没到补习的时候，反而女儿到了高考的关键时刻，不送她补习也就罢了，现在连书都不让读，这是什么道理！"

女学生妈妈说："因为那是儿子。儿子才是香火，女儿是泼出去的水，是外人。"

这件事对张桂梅的刺激很大。她下定决心，要建一所女子高中，让失学的女孩免费上学。她希望女孩们在成为一个母亲之前，还可以读书，参加高考，然后离开这里，给下一代一个更好的环境。她说："能救一个是一个，救了一个就是救三代。"

当张桂梅第一次提出这个想法时，有人觉得她是不是得了精神病，或是因为荣誉太多被冲昏了头脑。在县里的论证会上，专家们全票反对，认为不该把男女学生分开教学。时任华坪县教育局副局长的杨文华有经验,就问张桂梅:"我们办一所高中最起码要有实验室吧,你觉得这个实验室大概要花多少钱?"

她说:"2万够了吗?"

杨文华看着这个只教过初中的普通老师,她没有任何管理经验,一个人居然想办一所学校?师资、钱、校舍在哪儿?她还一身病,随时有可能倒下。他不支持这种"鲁莽"的做法。

但勇敢无畏的张桂梅开始了她的募捐之路。她把自己的身份证、劳模证明、报纸报道和种种获奖资料复印了一大堆,一个单位一个单位地去募捐。可她却经常被保安赶出来,效果甚微。她又带着这些资料到街头乞讨,却被误会的路人骂:"你有手有脚,为什么不好好工作,要出来骗钱?"

直到2007年,张桂梅当选为全国第十七届人大代表,事情才出现了转机。

在北京开会时,她的提案是:希望政府在华坪县建立一所女子高级中学。她长期的真诚与用心为大家所知,终于获得了各界的支持。

2008年8月,华坪县女子高级中学建立。9月1日,100名当地和临近地区的女孩们成为华坪女子高中的第一批学生。要知道,这是一所没有录取分数线的学校,只要初中毕业、愿意继续读高中,而且是贫困家庭的女孩,学校都会无条件接收,而且学费全免。

虽然当时学校的教室很简陋,教学条件也很艰苦,但希望的火种已经种下了。张桂梅带着17位教职工动手清理校园、安装床铺,还在每间宿舍都安排了一位女老师,以保障学生的安全。

学校从2008年成立至2021年,一共有1804个女孩考上大学。

从没几个女孩能上大学，到82%的本科考取率，华坪女子高中跻身全丽江第一，这对于师资条件落后的边陲小镇来说，可以算是一个奇迹。

一开始，学生们的底子都很差，每次县里考试排名，华坪女高总是垫底。同样一道题目，老师讲了8遍，有的同学还是不会做。张桂梅咬着牙，决心改变这一切。

她先是对华坪女高的学习时间做了严格管控：早上5点多，喇叭声就催促着大家起床；每顿饭的时间被压缩到10分钟；而每周放假更是只有3小时。不仅如此，她还要求女生一律剪短发，避免在梳妆打扮上浪费太多时间。

张桂梅每天都会在学校里巡逻检查，这一坚持就是12年，如今依旧在继续。如果有女生花太多时间在照镜子打扮上，张桂梅发现了就会严厉批评；如果有女生私藏零食，还会被张桂梅盯着承认错误。此外，一旦有学生上课没注意听讲，或是成绩下降了，都会受到严厉批评。张桂梅拿着喇叭在台上讲："女性一定要坚强，要独立，要读书，要用知识来改变命运！"

这"魔鬼般"的管控和压力，有时候就连任教老师也受不了而辞职了。可是，只有张桂梅知道，自己必须比一般老师更加严格，这些山里的女学生才能取得更好的成绩，走出大山。

可是，在一届又一届的学生考出好成绩、考上大学的同时，长年高强度的工作让张桂梅的身体越来越差。2019年，张桂梅被查出患有骨瘤、血管瘤、肺气肿和小脑萎缩等17种疾病，每天都在忍受身体上的疼痛。

2020年,中央电视台报道了张桂梅的事迹,引起了巨大的社会反响。可是,其中也不乏别人对她的误解,其中,有一件事就引起了轩然大波。她曾对一名回去探望她,并想要捐款的女学生表达过不满。

女学生:"张老师!我带我丈夫和娃娃回学校来看您了!还想给学校捐一点钱,不多,但也是我的一点儿心意。"

张桂梅:"哦,我认出你了!你大学毕业之后,现在在哪里工作呢?"

女学生:"最近还没工作,在家当全职主妇。"

"啊,全职主妇?你不配当我的学生!我还记得你家是那么困难,是我和其他人的捐助,把你供到上大学的。你读书也很争气,怎么现在当起了全职太太?我的学生如果做了全职太太,那么就完全是在开倒车了!"

女学生:"老师,你听我说,我也不容易。我其实也参加了两次特岗教师的考试,但都失败了。后来因为怀孕期间心里很焦虑,就打算先在家里休息,调整状态,然后再……"

张桂梅:"你还不明白当全职太太风险多大吗?现在很多男的出轨是为什么?因为你做了全职太太,长时间与对方没有了共同语言。你被社会所淘汰了,他回家跟你没啥说的,他的事业你也没办法参与,无法帮助,出主意的能力你都没有了,把你控制在很低的水准上。我最反对当全职太太了!"

她的这些话像针一样刺在女学生心中。经过网络传播之后,这也引起了大家对"要不要尊重当家庭主妇这一选择"的大讨论。

后来,这位女学生在接受采访时表示,张桂梅老师说得很对,话丑理正。她自己也并不甘心做一个家庭主妇，但因为刚生完孩子，一时没有找到合适的工作。好在她在被张桂梅"骂"过后的第二年，就成功地考上了特岗教师。

华坪县的教育官员杨文华觉得，张桂梅反对的不是全职太太，而是反对她的学生们去当全职太太。他说："这些学生就像她亲生的一样，如果没有这所学校，她们十年前就已经结婚生子，再没有上学的机会了。她作为一个母亲，作为一个老师，把你捞出来，救了你，而你又回到原点了。"

张桂梅对学生们这么"凶"，这么苛刻，也引来了外界的批评，比如"不够人性化""应该开展素质教育"，等等。但这背后是张桂梅的用心良苦，她无数次走进深山家访后，才了解到女孩子们有多苦。

这十二年来，张桂梅没有房子，就住在学校宿舍的一张小床上。曾经有人问她："您干吗守着楼层门口？"

张桂梅说："有什么事儿，我第一个跑出去，可以为女孩挡点儿什么。"

她的想法很朴素。实际上，她想阻挡的，是一些想把女儿抢回去的父母。因为这些家长不想让女孩儿读书，哪怕免费都不行，他们只想把女儿嫁出去换彩礼。

张桂梅说过："你们考上了大学，就走得远远的，再也不要回来了。"可见，她的内心，充满了对孩子们改变命运的渴望。

在一次央视的新闻采访中，记者问她："为了建华坪女高，您付出了什么？"

她毫不犹豫地回答："我付出的几乎是生命。"

正是因为她的激励，不仅华坪女高的学生们扛住了压力，考上了大学，而且让更多的农村女孩也意识到，命运必须掌握在自己手里。我们都知道教育是立国之本，但现实中，还是有很多女性因为重男轻女的观念而得不到接受教育的机会。张桂梅则是从根本上认识到了这个问题。

作为一位教育从业者，她的影响力不只在一所学校，更在于一个地方的教育大环境。她的事迹被大家了解之后，甚至带动了全国教育理念的转变。

张桂梅老师就像蜡烛一样燃烧着自己，帮助了一个又一个女学生。我们需要更多像她这样的时代楷模，来彻底改变教育资源的不平等。这是为了现在，也是为了更好的将来。

南丁格尔
挽救无数生命的提灯天使

一提到护士,大家都会想到一位出生于200年前的意大利"提灯天使"——弗罗伦斯·南丁格尔。作为世界上第一位真正的专业女护士,她是现代护理学体系的创始人,有"现代护理学之母"的美誉。同时,她还是一位统计学家、教育学家。可以说,南丁格尔的一生拯救过无数生命,因此,她的生日5月12日,也被定为"国际护士节"。

1820年,南丁格尔出生在意大利佛罗伦萨。她的父母都出身于英国的贵族家庭,尤其是她的父亲,毕业于英国剑桥大学,不但精通数学和自然科学,还会英、法、德、意四门语言,多才多艺。

在这样的贵族家庭里,南丁格尔从小就接受了良好的教育。她会讲流利的法语、德语和意大利语,能读希腊语和拉丁语的文章。大人们发现南丁格尔很喜欢小动物,她是一个想法奇特、头脑固执的孩子;不仅如此,她还特别有共情能力,常常会对贫民病患表现出同情心。

早在南丁格尔17岁时，她就声称自己感受到了"上帝的召唤"，强烈渴望献身于为他人服务的护士职业。而在结识了思想进步的玛丽·克拉克女士后，她更是对女性的意义产生了新的认知。当母亲要她学习家庭主妇的技能时，她在给克拉克女士的信中痛苦地说：

> 我不得不做很多家务，它们简直是乏味透顶。我不禁要问自己："这就是生活吗？难道一个有理智的人，一个愿意有所作为的人，每天想要做的就是这些吗？"一个人完全可以从她的事业中，让自己感到充实和满足，找到更大的乐趣。

在与克拉克的交流当中，年轻的南丁格尔懂得了男女平等的重要性——女性不应屈从于男性，也不应局限于家庭。

1842年，英国还没有彻底从经济危机的萧条中走出来，就又陷入了战争。那时，街头巷尾到处都是难民，还有因为战争而流离失所的濒死病患。南丁格尔买了很多药品、食物、床单被褥来救济穷人，照顾病人。这次经历对她来说，是护理之路的开端。

后来，南丁格尔先后照料过卧床不起的祖母、重病缠身的老保姆和不幸感染瘟疫的农民，使他们的身体都有了很大的起色。通过这些经历，她意识到，自己终身热爱的就是护理工作。

不过，这个想法让她的父母觉得非常不可思议。因为在当时，护士是一个不体面的职业，是只有贫苦阶层的女性才会去做的污秽工作。上流社会的家庭，怎么会允许自己的孩子去做这种"下等人"

才会去做的工作呢？

南丁格尔没有获得父母的支持，但幸运的是，她遇到了一个真心理解她的人。在一次宴会上，她结识了年轻的慈善家理查德，理查德对她一见钟情，两人也有共同的兴趣爱好。

南丁格尔表示："亲爱的，我承认，跟你在一起很快乐，你是除了父亲之外，让我最崇拜的人。但我有更重要的事情要做，我想学习医疗知识，治病救人。"

理查德本来希望娶南丁格尔为妻，但他还是愿意成为她的盟友、最亲密的伙伴，帮助她实现梦想。理查德带南丁格尔认识了一些医生，有的医生甚至会盲文，这给了南丁格尔很多帮助。在学医过程中，南丁格尔慢慢得到了父母的支持，她去德国学习了先进的医护技术。而在她学成归来之后，已经过去了8年。

理查德向她求婚了："亲爱的，我们何时才能成婚呢？你已经实现了你的梦想，成了一名真正的护士！现在是时候与我一起共建家庭，全身心投入家庭当中了。"

然而，南丁格尔拒绝了这位"亲密的朋友"："亲爱的，谢谢你的支持。女人很少能有稳定的工作，我好不容易成为一名专业的护士，想做的事情还有很多。摆脱家庭很难，我已不想再匆匆地进入一个新的家庭。要知道，女人如果结了婚，以后就很难再出来工作了……我不希望跟你一起沉湎于社交活动，在家务琐事中虚度一生。大家都有一个偏见，认为结婚是每一个人必然的归宿。不过，我始终觉得，婚姻并不是唯一的。"

理查德依然不死心："可你不能只顾你自己！我的要求并不过分！我等了你9年，已经做出了非常大的让步。你不可能一直都在工作,不结婚、不生孩子、不照顾家庭呀!"

南丁格尔说:"那很抱歉。很多女人一生中,几乎没有可以完全留给自己的时间,她们无时无刻不在担心冒犯或伤害别人。如果婚姻会限制我的自由,那我将永不结婚。我注定是个漂泊者。"

与理查德多年的感情就这样结束了,南丁格尔就此决心终身不婚。

之后,南丁格尔回到伦敦,先后担任了一家看护所的护士长和一家护理研究所的所长。她的父亲每年都会给她500英镑,这使她能够过上舒适的生活,并安心追逐自己的事业。

1853年,克里米亚战争爆发,英国、法国、奥斯曼帝国向俄罗斯帝国开战。当时,法国和俄国的伤兵各有天主教和东正教的修女团照顾,但英国军队的医疗条件非常差,由于缺少护理人员,士兵的死亡率接近42%。

当时,《泰晤士报》派遣了知名记者威廉·拉塞尔奔赴前线报道战况,他写道:

> 战地医院缺乏最基本的医疗物资,人们对体面和清洁一点也不在意,臭味令人震惊。据我所知,军队并没有丝毫的努力去拯救伤兵的性命。伤员多得惊人,除了那些未经训练的男护工外,没有其他护士。我们英国难道没有愿意到战地医院,去护理前线病痛士兵的护士吗?在这个需要帮助的关键时刻,英国的护士们,难道没有一个准备好做这样一件仁慈的工作吗?法国毫不犹豫地派去了他们慈悲的姐妹们,陪伴在伤员和垂死

者的床边。难道,我们英国在自我牺牲和奉献精神上,远远低于法国人吗?

南丁格尔看到这则报道后,写信给她的好友、陆军财政大臣西德尼·赫伯特:

关于组织自愿医护队前往克里米亚的计划,我希望能与您做一次详谈。吃、住以及其他一切费用,我们都能自己准备,绝不会增加政府负担。虽然我不完全相信报纸上的报道,但我确信,我可以帮助那些可怜的伤病士兵,不知您有什么意见?

巧合的是,西德尼·赫伯特在同一时间也写信给南丁格尔,因为他认为,只有她才能担此重任:

南丁格尔小姐,在烦琐杂乱的战地医院工作,必须具备丰富的知识、强烈的同情心、强健的身体、十足的勇气才能胜任。更何况,这样的人选还得是有领导和组织能力的人才。我相信,符合这些条件并且能圆满完成任务的,全英国只有你。如果你真的愿意挑起这个重任,那么,所有远征的护士都将由你全权管理。

随后,南丁格尔亲自面试了38名女性志愿者,并筹集了数千英镑费用,前往英国部队所在的最前线——土耳其斯库塔里的塞利米耶军营。

但到达战场后,南丁格尔就发现了很多事先没有想到的问题,她不得不写报告,要求增加经费和人手:

> 国内报纸对战地医院的描述和实际状况完全是两回事,这里比地狱还要凄惨!
>
> 护士们只能睡在病房门口通道的木笼子里,我就像进入了监狱。这里既没有灯光,也没有新鲜空气,昏天黑地。所谓纪律、监督并不存在。护理人员数量很少,一大帮病人只靠一个护工护理,这让护工们疲劳不堪,哪里还有力气工作?他们的礼仪标准、必备的道德心,也低到了令人难以置信的地步。
>
> 更让人难以接受的是,战地医院人满为患,通风不足,尤其是公共厕所难以排污,卫生环境极其恶劣。事实上,大多数士兵是死在医院,而不是死在战场。因为医疗条件太差,死于伤寒、霍乱和痢疾等疾病的士兵,比死在战场上的士兵要多10倍!
>
> 我必须想办法改变这一切!

南丁格尔先是改善了医院后勤服务和环境卫生,制定新的医院管理制度,并亲自把关护理质量。然后,她开始协助医生进行手术,护理伤员,尽可能减轻他们的痛苦。为了安慰士兵们,她还会经常走访巡视,及时询问伤员们的医疗需求。

有了南丁格尔所带领的医疗队,战地医院的设备和整体医护管理方案得到了非常大的优化,伤病人员的死亡率从42%急剧下降到2%。那段时间,南丁格尔每天工作超过20个小时。一到晚上,她就会提着一盏小小的油灯，步行好几公里来到医院营地，逐一查看伤病人员。正因如此，她被士兵们亲切地称呼为"提灯天使"。

南丁格尔一直觉得，照顾病人是一个全面系统的医护工程，不光要照顾病人的身体健康，还要考虑到他们的精神需求。这是南丁格尔护理哲学的重要组成部分。但在当时，英国士兵大多都没有受过良好的教育，只会通过酗酒来压制病痛。南丁格尔认为，只要有正确的指引，士兵就能改变。为此，她在战地医院建立了阅览室和娱乐室，并亲自为伤兵授课。她说过："很多人会觉得士兵太鲁莽了，为他们的无可救药而哭泣；但我不这么认为，相反，我相信军人是可以接受教诲的，愿意改变的。给他们一所学校和一场讲座，他们会来的；给他们一本书、一个有益的游戏，他们就不会酗酒。我们为康复者建立了阅览室，里面人很多，士兵对我们，比对他们的军官要尊重得多。我相信，这是恢复军队纪律最有效的手段，也许是唯一的手段。"

而士兵们也发自内心地表达对南丁格尔的尊重与爱戴："每当看到南丁格尔从眼前经过，我心里都会感到无比舒畅。她会向你问候，点头微笑。虽然，营地里有成百上千人躺在那里，她不可能都照料得到。但是，只要目送她从你眼前走过，甚至亲吻她长长的背影，就算是躺着，也会感到心满意足。"

南丁格尔的付出，不仅让士兵们心怀感恩之情，也让媒体记者赞不绝口。《泰晤士报》的战地记者曾经这样说过：

> 在战地医院，南丁格尔是一个毫不夸张的看护天使。当她消瘦的身影走在每个病房走廊上时，所有可怜的伤兵看到她，

脸上都充满了感激。而当所有的医务人员都已休息,寂静和黑暗笼罩营地后,只有她,手里提着一盏小灯,独自巡视。

战争结束后,南丁格尔成了英雄。包括《泰晤士报》在内的整个英国报业,都纷纷报道远征护士队和南丁格尔的光辉成就。维多利亚女王更是给她写了一封亲笔信。

1855年,为了表彰南丁格尔在克里米亚战争中的功勋,伦敦社会名流共同捐款并成立"南丁格尔基金会"。对于南丁格尔来说,基金会的成立是格外重要的一步,但是,她想得更远。很早之前,她就发现,恶劣的看护环境会导致原本并不严重的伤势逐渐恶化。当时,病患的死亡率极高,而医生和护士却连最基本的洗手意识都不具备。南丁格尔深刻地意识到,想要彻底改变当下的状况,必须从医护人员的培养做起。

1860年6月24日,南丁格尔在伦敦圣多马斯医院创建了"南丁格尔护士训练学校",这是世界上第一所正规的护士培训学校。著名的"南丁格尔誓言"就此诞生:

> 余谨以至诚,于上天及会众面前宣誓:终身纯洁,忠贞职守。勿为有损之事,勿取服或故用有害之药。尽力提高护理之标准,慎守病人家务及秘密。竭诚协助医生之诊治,务谋病者之福利。谨誓!

南丁格尔对学校管理、学员招收和课程培训都很有条理。她亲自制定了护理学校的基本原则,撰写了《医院札记》和《护理札记》

等专业书籍。她还规定，护士在正式上岗前，必须在专门组织的医院中接受技术训练。

很快，南丁格尔护士训练学校的学生成了各大医院的抢手目标。在她的指导下，有1000多名专业护士顺利毕业，其中很多人都成了各地医院的骨干。至此，南丁格尔终于把护理这项曾经不入流的行当发展成了一门科学。

值得一提的是，南丁格尔还是一位了不起的统计学家。当初，为了方便军方高层的理解，及时增加战地护士人数和增援医疗设备，她把士兵死亡率数据制成图表，向国会议员报告。后来，这种数据图表被称为"南丁格尔玫瑰图"，至今还在广泛使用中。南丁格尔也由此成了英国皇家统计学会有史以来第一位女性成员；同时，她也是世界上第一位女性统计学家，被视为统计数据图形化的先驱。

1910年，为护理事业奉献了一生的南丁格尔，在90岁高龄这一年安然离世。

在世人眼中，她出身贵族家庭，却丝毫没有娇纵之气，在国家危难之时，甚至主动走上战场。她还努力打破性别的成见，给世界带来了一场认知革命与医护革命。南丁格尔不仅有勇气，也极富智慧。

虽然一生不婚不育，但是，她把自己献身给了热爱的护理事业，成功地建立起了现代护理事业的标准。一代又一代优秀的护理人也由此把南丁格尔的精神理念源源不断地传承下去。

金斯伯格
改变美国女性的"异见大法官"

2020年9月18日,美国最高法院大法官鲁斯·巴德·金斯伯格去世,民众自发聚集在美国最高法院前,缅怀这位最资深且人气极高的女性大法官。

第二天,全美降半旗向金斯伯格致哀,而在白宫发布的声明里,更是用"美国法律界巨擘"来评价她。金斯伯格一生都致力于争取、维护和保障女性的权利,美国不少女性都感谢这位大法官为了推进性别平等而做出的不懈努力。

金斯伯格是德裔犹太人,1933年出生于美国纽约的布鲁克林区。在那个普通的工人家庭里,她最大的幸运,就是拥有一位开明智慧的母亲。从儿时起,母亲的教诲就一直影响着她,也是因为母亲的坚持,她才得以在家境不好的情况下,接受到当时最好的教育。遗憾的是,在她高中毕业前的一晚,母亲因为癌症去世了。这也成了金斯伯格的人生遗憾。

她经常谈起母亲生前对她的教诲:

亲爱的女儿,我不能再照料你了,但我想告诉你两个适用一生的准则:

你要成为淑女,你要保持独立。

淑女,就是你不要让无谓的情绪占据你的心灵,谨慎少言,理性多思。

独立,就是你不要依靠男人,你要照顾好自己,成为一个独立自主的人。

这两条准则影响了金斯伯格一生。为了不辜负母亲的苦心,金斯伯格勤学苦读,以优异的成绩拿到了名校康奈尔大学的奖学金。那时候,康奈尔大学的男女比例为4∶1,足以见得金斯伯格的优秀。也正是在这里,17岁的她遇到了18岁的马丁·金斯伯格,她未来的丈夫。

在20世纪50年代,男性往往会认为女性太聪明不是一件好事,但马丁却反对这种观念。金斯伯格曾说:"马丁是第一个因为我的学识而关注到我的男人。"金斯伯格在以全班第一的成绩从康奈尔大学毕业后,就和马丁结婚,然后跟了丈夫的姓"金斯伯格"——这也成了大家对她的爱称。

结婚2年后,夫妇二人决定继续深造。他们带着一岁多的女儿,双双考入哈佛大学法学院。但在这个世界上最顶尖的学府里,金斯伯格却深刻地感受到了性别歧视。

当时,哈佛法学院有500多名学生,可包括金斯伯格在内,女生仅有9名。她想去图书馆查阅一些资料的时候,却被门卫拦下,理由仅是"因为你是个女人"。而在为一年级女生举办的晚宴上,院长甚至问了一个很荒诞的问题:"解释一下,为什么你们占据了本应属于男性的法学院席位?"

这就是当时整个社会的风气,男性几乎看不见女性"微渺的身影"。只有马丁由衷地为妻子的优秀而自豪:"我的妻子很了不起,她在《哈佛法律评论》任职呢!要知道,能当评论编辑的,学术成绩必须是全哈佛最优秀的!"

不幸的是,马丁在第三个学年患上了睾丸癌,这使得金斯伯格变得非常忙碌:白天,她要去学校完成自己的课程,帮马丁打印同学的课堂笔记;晚上,她要帮丈夫学习功课,自己还得预习第二天上课中要用到的案例;与此同时,两岁的女儿也等着她照顾。那段日子,金斯伯格每天顶多能睡2个小时。

在她的照顾下,马丁恢复了健康,也顺利毕业,在纽约找到了工作。金斯伯格也转学到了哥伦比亚大学。1年后,她以第一名的成绩毕业了。但是,她却无法像马丁一样,快速找到一份好工作。那是1959年,整个纽约没有一个事务所愿意雇用她。她的男同学们都去了纽约最好的律师行工作,而她,毕业即失业。

一次,她的同学向某个律师合伙人介绍金斯伯格时,合伙人直言:"你似乎搞不清状况,这间律所不招女人。客户不信任女律师,人们也不需要女律师。"

不得已,金斯伯格只好到纽约南区联邦地区法院,给法官做了2年法律秘书,并先后兼任过不同学校的研究员和法学教授。一直到1972年,事业的转折终于来了,她成为第一位在哥伦比亚大学法学院获任终身教职的女性。

在这个阶段,金斯伯格在法学领域取得了越来越多的成就。1980年,47岁的她被美国总统吉米·卡特提名为华盛顿特区巡回上诉法院法官。此时,她的丈夫马丁正在纽约当税务律师,颇具影响力,而且收入非常丰厚。媒体猜测,难道金斯伯格夫妻俩要两地分居?为此,马丁接受了记者的采访。

记者:"马丁律师,你目前在纽约工作,你的妻子却要去华盛顿的巡回法院当法官了。你会同意她去华盛顿工作吗?还是劝她拒绝这个机会?"

马丁:"怎么会问出这种问题呢?这对鲁斯来说是多么好的机会,这是她梦寐以求的工作,我怎么会劝她拒绝?我当然会无条件支持她。"

记者:"可这样一来,你就需要在纽约和华盛顿之间来回奔波,岂不是很辛苦?"

马丁:"所以我会辞职,跟鲁斯去华盛顿,支持她的工作。我这是搭上了'人生的顺风车'呀!我的妻子能干,找到了一份好工作,所以我才能搬去美国的首都。"

记者:"真是不可思议!我从来没有想过,一个男人会为了妻子的事业而放弃自己的工作! 那你对你妻子有没有什么建议呢?"

马丁:"就像鲁斯不会对我的厨艺有什么意见一样,我对她的法律事业也没什么建议可提。这可是我们婚姻甜蜜的秘诀。"

记者:"鲁斯的厨艺好吗?"

马丁:"大女儿简对我说,直到14岁那年,爸爸开始做饭,她才见到了新鲜蔬菜,因为妈妈多年来只会用冰冻的蔬菜和肉给孩子做饭吃。后来妈妈被全家人赶出了厨房,家里的家务分工就变成了'爸爸负责做菜,妈妈负责吃饭'。"

正是丈夫无条件的支持,金斯伯格才能专注于自己的事业。而在她的法律生涯当中,有几个案件深深地改变了美国法律,影响了千千万万的美国女性,并奠定了金斯伯格在司法界的地位。

时间回到1970年,当时金斯伯格还是一名法律教授。作为诉讼律师的她,接到了一个案子:

空军护士苏珊·斯科拉克自愿报名参加了越南战争,但后来却怀孕了。对此,空军部队给了苏珊两个选择:要么辞职,要么堕胎。要知道,美国当时的法律是禁止堕胎的,只有军队中的人可以例外。可问题是,苏珊既不想堕胎,也不想放弃工作,她甚至向部队提出,把孩子生下来后让别人领养,却依旧遭到拒绝。走投无路之下,苏珊选择了起诉。

金斯伯格接过这个案子,在辩护过程中说了一段话,而这段话,至今仍然经常被提及:

在各种阻碍女性追求平等权利的障碍中,因为女性特有的生育能力而造成的区别对待首当其冲。直到最近,很多法学家都还认为,任何对孕妇和母亲的歧视,实际上都是"为了她们好"。可是,他们并不明白,女性只希望自己的选择能够得到尊重,而不是被迫接受一个自己不想做的决定。

金斯伯格非常善于雄辩。在多方利益的权衡下,军方决定妥协：取消辞退怀孕女性的规定。这一案件虽然没有明确修正相关律法，却直接推动了美国女性生育权的维护发展，国会也在几年后通过了《反怀孕歧视法案》。

1973年，金斯伯格又接手了一个著名案件——弗朗蒂罗诉理查森案。

女大学生弗朗蒂罗在毕业后加入了美国空军，并和心爱的男友结婚。婚后，她发现，周围已婚的男性同事都有住房津贴，自己却没有，仅仅因为她是女人。不得已，弗朗蒂罗也加入了打官司的行列。作为弗朗蒂罗的辩护律师，金斯伯格第一次亮相美国最高法院。

诸位，我想谈一下，美国从建国以来，女性到底处于一个什么样的地位。你们认为，美国女性的地位已经够高了。但我听到的，却是关于女性被区别对待的各种语言。比如"丈夫是家庭的主人""女性必须无条件地服从"……

迄今为止，大部分州的雇主依旧能够以怀孕为由，合法解雇孕妇；而银行则要求，女性在申请信贷时，需要得到丈夫的签名；在去商场购买电视等大宗电器或商品时，女人也必须得到丈夫的同意……你们说，这就是我们称之为平等的国家吗？

就拿我们现在所在的最高法院来说，你们看，墙上画着的人像是美国历届司法领袖，他们来自不同的时代，却有一个共同点——都是男人。你们可曾想过，女性作为"二等公民"是什么样的感受？

而反方律师也写文驳斥："我认为，现在的女性并不是'二等公民',而是另有职责。女性的至高命运和使命是履行作为妻子和母亲的高尚而温和的职责。这是造物主的律法。"

金斯伯格不甘示弱地反驳道:"那么,请您公开展示一下,造物主与法学家之间的沟通方式吧,让我们看看造物主是如何向您出示了这样的律法?"

这场庭审,金斯伯格大获全胜。她赢得了人生第一场诉讼,而弗朗蒂罗也获得了属于她的住房津贴。

经过这几桩案件,金斯伯格对女性所面临的时代困境,有了进一步切实的体会。她和同事共同建立起"美国妇女权益计划"项目,希望改变大众对性别的理解,推动法律进步,保障女性的基本人权。

这里必须要提到的是,丈夫马丁一直很尊重金斯伯格的理想。

1993年,比尔·克林顿出任总统,他要提名新的最高法院大法官。按影响力来说,金斯伯格在司法界的成就有目共睹,但严格来说,60岁的她超龄了。从候选名单来看,她大概只能排到20多位。但是,金斯伯格的丈夫马丁却不以为然,他对金斯伯格说:"相信你自己。在我心里,没有人比你更适合当大法官了,不仅仅是因为能力,更在于你有理想,有你的执着。如果你没有被认真考虑成为候选人的话,我会觉得这是对美国司法界的一种侮辱,这代表着他们根本没有能力识别出人才,没有能力选择为美国的自由与平等而奋斗的大法官。"

马丁几乎动员了自己的全部资源和人脉为金斯伯格游说,确保克林顿总统知道,有金斯伯格这样优秀的候选人。金斯伯格因此有了和总统会面的机会,并获得了更多人的支持,最终高票当选为美国最高法院历史上的第二位女性大法官。

金斯伯格上任后，首要目标之一就是反对当时的堕胎政策。在她看来，女性为什么不能决定如何处理自己的身体？为什么要由男性来对女人的身体做决定？这成了金斯伯格为女性争取权益的出发点。

2003年，当国会通过了"禁止部分分娩堕胎"的法案时，金斯伯格再一次提出异议，这段话至今仍掷地有声：

> 男女平等的本质，是女性有权选择成为自己人生的决策者……当政府控制着她对堕胎的决定权时，她就没有被视为一位有能力为人生负起全责的成年人。女性能否充分发挥个人潜力，与她们能否独立决定自己的生育密切相关。法律不允许过度限制女性堕胎权，这并不只为保护女性隐私权，更是保护女性自主权。

正因如此，金斯伯格有了一些外号，像是"持异见者""臭名昭著的大法官"……但是，喜欢她的人也更多了。她的椭圆眼镜、蕾丝衣领装饰和她轮廓分明的容貌，被绘成各种插图周边，传播到世界各地。金斯伯格这个名字，也成了一种文化精神的符号。

2010年，一直支持她、深爱她的马丁患癌症去世。虽然经历着丧夫之痛，金斯伯格却依然坚持工作。这些年，她曾两次患癌，但都战胜了病魔，即便80多岁了，还保持着每周健身的好习惯。她的生命力很顽强，直到2020年，87岁的她才与世长辞。在逝去后的这段时间，全世界都在纪念这位影响深远的女性。

金斯伯格的名言很多，其中有一句话我最喜欢：

在我的一生中，最让我心满意足的事情，是我参与了一场能让生活变得更美好的运动，而这场运动的受益者不仅仅是女性。

虽然她已经离去，但影响力一直都在。英国广播公司给予金斯伯格的评价恰如其分：

她是一个创造了历史的女性，在美国法制、民权和女权历史上的地位不可撼动。

奥普拉·温弗瑞
世界上最有权势的黑人女性

美国著名杂志《名利场》曾刊登过这样一句人物评价：

> 在大众文化中，奥普拉·温弗瑞的影响力，可能除了教皇，比任何大学教授、政治家或者宗教领袖都大。

这个奥普拉·温弗瑞是何许人也？她是美国著名制片人、主持人，是《时代》杂志"20世纪最具影响力榜单"上出现次数最多的名人。她曾主持电视谈话节目《奥普拉脱口秀》25年，平均每周能吸引3300万名观众。而早在2003年，奥普拉就成为美国首位黑人女性亿万富翁，净资产高达26亿美元。

可是，这位出身贫寒的黑人女性，未成年时就遭遇了性侵，她不知经历了多少波折，才从社会最底层爬上人生巅峰。那么，她是如何逆袭的呢？

1954年1月29日,奥普拉·温弗瑞出生在美国密西西比州的一个小镇。她的父亲是一位军人,母亲是一名女佣。他们两个十几岁的年轻人,在没有结婚的情况下,意外生下了奥普拉。严格来说,奥普拉是一个私生女。

在她出生后,父母就分开了,还把她扔给生活在穷困乡下的半文盲外祖母照顾。

6岁时,奥普拉搬到母亲居住的威斯康星州的一个小城市,而母亲靠打零工过日子,根本没有精力关心女儿的生活和教育。9岁时,奥普拉被表兄性侵侮辱,也常被其他亲戚虐待,但母亲对此不闻不问。没有人帮助奥普拉,她只能和社会上的痞子厮混在一起,抽烟、喝酒、吸毒……甚至还做过雏妓。14岁那年,奥普拉曾生下过一个孩子,可孩子很快便夭折了。这段经历让她非常痛苦,她曾说:"我几乎被毁掉了,我心里觉得特别羞耻,我总是为那些男人的行为责备自己。"

这时,一向不管教女儿的母亲很是生气,要把奥普拉送进少年收容所,但因为收容所床位紧张,奥普拉被拒之门外。母亲不想要这个女儿了,便让奥普拉素未谋面的父亲接走了她。

军人出身的父亲,彻底改变了奥普拉的人生轨迹。

父亲和继母对她很严格,两人为奥普拉制定了详细而严格的教育计划,每天不光要背20个单词、坚持读书,还要写读书报告,完不成任务就别想吃饭。在父亲的管教下,奥普拉像换了个人似的,摆脱了诸多不良习惯,开始认真读书,并积极参加学校活动。

在一次甄选优秀中学生到白宫参加会议的选拔中,奥普拉成为两个幸运者之一。她还在一次演讲比赛中拿了第一名,获得了1000

美元的奖学金。奥普拉后来回忆道:

> 父亲救了我的命。他对我说,有些人让事情发生,有些人看着事情发生,有些人不懂发生了什么事情。我要竭尽全力,要看看自己的生命里究竟能发生什么样的事。

17岁那年,奥普拉报名参加了田纳西州黑人小姐选美比赛。她虽然相貌并不出众,但凭借着出色的口才和演讲能力,最终获得了"纳什维尔黑人小姐"和"田纳西小姐"的桂冠。这次经历给了她很大信心。第二年,奥普拉考进了田纳西州立大学,主修演讲和戏剧。

1973年,哥伦比亚广播公司纳什维尔分部找到了19岁的奥普拉,说愿意给她提供一个职位。于是,奥普拉成了主持纳什维尔晚间新闻的第一位黑人女主播,而且做得很出色。在大三时,她的年薪已达15000美元。

尽管如此,在20世纪70年代的美国,种族歧视依然很严重。有一次,奥普拉在采访中想要走上前去跟店主握手,店主却说:"我们这儿不跟黑人握手。"奥普拉反唇相讥:"我打赌黑人是出色的。"

大学毕业后,奥普拉前往马里兰州最大的城市巴尔的摩,在当地电视台主持新闻节目。年仅22岁的她,是台里最年轻的主持人。但在这里,她遭遇了挫折。

奥普拉的感情细腻丰富,在播报一些不幸的新闻时,常常会情绪激动甚至流泪。由于不能保持新闻主播应该具备的客观态度,她遭到了很多观众的投诉与批评。短短8个月，奥普拉就失去了这份工作，被安排去主持很不受重视的早间谈话节目《人们在说话》。

不仅如此，奥普拉的上司还嫌弃她，直言她的头发太厚、眼间距太宽、鼻翼太宽、下巴太大，赶紧安排了她去纽约整容。可是，整容医生却告诉奥普拉，她的底子太差了，放弃吧。她只好又灰溜溜地回来了。

那个时候，奥普拉的职业生涯已经跌到谷底，但好在她没有放弃，依然认真准备做新节目。没想到，新节目自由的风格和奥普拉的性格十分契合，她挥洒自如，很受观众欢迎，收视率居高不下。随后，电视台决定让奥普拉主持当家电视节目《巴尔的摩之声》，这也让她的影响力越来越大。

1983年，芝加哥电视台的老板向奥普拉伸出了橄榄枝，希望她能来拯救一档濒临停播的谈话节目《早安芝加哥》。要知道，芝加哥可是美国第三大城市，奥普拉自然想去更大的平台发展，但她的上司不乐意了，说："那里不适合你。他们只是为了毁掉你。你去无异于是职业自杀，你绝对会失败。"

而奥普拉并不害怕这种威胁，她回应道："这是一个前所未有的机遇。我可能成功不了，但只要困难杀不死我，我就会继续成长。"

奥普拉和她的制片人就这样义无反顾地来到了人生地不熟的芝加哥。在正式上节目之前，奥普拉曾问芝加哥电视台老板："我是位黑人女性，身材也不苗条，是否适合出现在《早安芝加哥》这个节目呢？"

老板给她的回答是："就算你是绿皮肤我也不介意，我所需要的是节目成功,我负责保证成功,而我需要你这么去做。"

奥普拉勇敢地签了4年合同,年薪23万美元。这样的高薪意味着巨大的难度与风险。不过,奥普拉顶住了压力。当时芝加哥另一家电视台由菲尔·多纳休主持的节目,垄断电视谈话节目的收视市场长达10年。仅仅1个月以后,奥普拉的节目收视率就压倒了菲尔·多纳休,芝加哥电视台收视率急剧上升。而在3个月后,《早安芝加哥》这个节目更是直接晋升访谈类节目第一名。从此,奥普拉成了家喻户晓的主持人。

正当奥普拉的主持事业如日中天之时,她意外地接到了一个电话。

1985年,好莱坞备受推崇的导演斯皮尔伯格,通过制片人昆西·琼斯,电话邀请她出演电影《紫色》。虽然奥普拉没有表演经验,但电影上映后却好评如潮,第一次出演电影的奥普拉,同时获得了奥斯卡和金球奖最佳女配角提名。这部电影的成功,大大提升了奥普拉的知名度,她的节目收视率也进一步上升。

同年,《早安芝加哥》更名为《奥普拉脱口秀》,从这一刻起,奥普拉拥有了自己的个人节目,她可以充分展现自己的个性风格。不久,《奥普拉脱口秀》就成了全美脱口秀王牌节目,在120个城市播出,《时代》杂志甚至把它列入了"美国最佳电视节目"清单。

看着自己的影响力越来越大,奥普拉也希望自己在面对观众的时候可以更坦诚。

1986年,她在节目中公开承认自己的过往,包括9岁被性侵、14岁生子、被迫吸毒等经历。这期节目引起了轰动,成为美国的一大事件。但是，没有人嘲笑她。奥普拉来自社会最底层，同时遭受着种族歧视和性别歧视。她的经历引起了更多人对类似创伤的重新思考，因为，受害者不可耻。多年后，奥普拉在接受一个采访的时候表示：

> 那时的我如此悲伤，所有真切的爱都来自我的老师。我会对这间屋子里的每一个人说，你永远不会了解，一个人在被注意到时，会感受到多大的力量；而当一个人知道自己被外界看见时，内心又会有什么样的感受。意识到他人心中的这一点，给了我同理心，让我成为一个可以采访任何对象的人。因为我知道，你和我从根本上是相同的。

那期节目播出后，舆论一片哗然，观众纷纷表达了自己对奥普拉的绝对支持。他们在面对奥普拉时，更愿意敞开心扉，分享自己的疼痛与挣扎。访谈中的奥普拉总是会问："生活教会了你什么？""你是如何度过最艰难的阶段的？""你如何收获幸福和内心的平静？"有人说，奥普拉的节目就像是一场巨大的集体疗愈，激励着广大观众。

同样是在这一年，奥普拉成立了自己的制作公司，将自己脱口秀节目的全部所有权收归囊中，更是净赚了1.25亿美元。

《奥普拉脱口秀》这个节目产生过很多高光时刻，包括让60岁的伊丽莎白·泰勒谈新婚，在《老友记》大结局播出第二日邀请6位主角一起上节目，以及采访第一位黑人总统奥巴马，等等。

其中让人印象非常深刻的一集是，1993年2月10日，迈克尔·杰克逊终于答应接受奥普拉的节目邀请。要知道，距离杰克逊上次接受电视采访，已经过去 14 年了。

奥普拉说："我记得前往你家里时的兴奋。我们来到梦幻庄园的大门，就好像来到了《绿野仙踪》里的某个地方。那感受难以置信，我感觉自己变成了一个小孩。"

迈克尔·杰克逊说："我记得去录音室时，街对面有个公园，我看到所有的孩子都在那儿玩儿，我哭了。我很伤心，我是去工作，而不是去玩儿。人们想知道为什么我一直跟儿童在一起，这是因为我觉得，我从来没有享受过童年。迪士尼乐园、游乐园、街机游戏，我喜欢所有的东西，当时我年纪还小，却总是工作、工作、工作。我想弥补我的遗憾。"

奥普拉又问："这几年，人们一直在讨论你的皮肤颜色。他们会问，你不停地变白、变白、变白，没有人明白是怎么做到的。你能告诉我们吗？"

迈克尔·杰克逊答道："我患有皮肤病，白癜风，它摧毁了我的皮肤色素，这是我的家族遗传病。人们编故事，说我并不想成为我自己，这伤害了我。这是疾病的问题，我无法控制它。我只能用化妆品来遮盖色斑，却从来没有故意漂白皮肤。但是成千上万的人坐在阳光下使皮肤颜色变深，成为另外一个自己，却没人说有什么不妥。"

当时的迈克尔·杰克逊正陷于各种纷争当中，在奥普拉的节目中，他罕见地对外界的种种传言一一给予澄清。这集节目的观众人数惊人地达到了近 9000 万，成为《奥普拉脱口秀》收视率最高的一集。

在电视电影领域之外,奥普拉的商业能力也是一流的。她首次涉足出版业,就在节目中引入了"读书俱乐部"这一板块,她提到的书大多直接进入了畅销书榜单。而且,她本人就是写了6本书的成功作家。

当然,奥普拉在获得巨大成功的同时,也一直在回馈社会。她投资电影、热心公益,将收入的10%投入慈善事业。1993年,她制作并出演了电视电影《这里没有孩子》;同年,时任美国总统克林顿还签发了由她倡导的《全国儿童保护法》,这一部法律也被人们称为"奥普拉法"。

2018年,奥普拉获得了金球奖颁发的终身成就奖。虽然她一生荣誉无数,多次登上万人瞩目的讲台,但这次的获奖感言,尤为激动人心:

在我的职业生涯中,我一直在尽我所能,无论是在电视上还是电影中,都想要说点什么。说一说男人和女人真正的表现,说说我们如何经历羞辱,如何去爱,如何生气,如何失败,如何退缩,如何坚持,如何克服困难。我采访过一些人,他们能够忍受生活带来的最丑陋的事。但是他们所有人似乎都有一种特质,能够为了更美好的早晨而保持希望,即使身处最黑暗的夜晚。

所以,我想让所有在观看这个演讲的女孩知道,新的一天即将来临。当新的一天终于来临之时,那将是因为众多伟大女性的付出,她们中的许多人今晚就在这里。还有一些了不起的男人，努力让他们成为领导者，带领我们来到这个时刻。

工作以外，奥普拉的个人生活无比简单。她在1986年的一次慈善活动中，结识了长期伴侣斯特德曼·格雷厄姆，但他们并没有结婚。奥普拉大大方方地说："毫无疑问，我们不会走进婚姻，也不打算维持婚姻，更没有计划要生孩子。我们目前的相处状态是最好的，因为我知道，这对斯特德曼来说意味着什么。我有自己的想法，而且他也不会反对。"

至今，奥普拉仍然活跃在各个领域。她是《时代》杂志评选出的"20世纪最具影响力的百位名人"之一，也是第一个登上福布斯富豪榜的黑人女性。她靠一己之力，从一个出身低微、饱受凌辱的私生女，成长为影响全世界的脱口秀女王，年年登上财富榜与名人榜，荣誉等身，并致力于改善妇女儿童的生存困境。她跌宕起伏的人生经历是一个典型的"美国梦"的实现过程。

奥普拉曾在演讲时说过一句话："我坚信，你们说出的真相，是我们所拥有的最强大的工具。"她正是凭借这样一份真诚，赢得了观众的信任，鼓舞着更多弱势群体勇敢地迈出脚步。

谢丽尔·桑德伯格
美国硅谷最有影响力的女人

如果问美国硅谷中哪位女性最有名?也许很多人的第一反应,就是谢丽尔·桑德伯格。

桑德伯格是现任脸书①首席运营官,曾担任过克林顿政府的财政部办公厅主任,以及谷歌全球在线销售和运营部门副总裁。同时,她还是福布斯榜上排名前50位的"最有力量"的商业女精英之一。而作为全球薪酬最高的女高管,她还登上过《时代周刊》的封面,并入选《时代》杂志"全球最具影响力的人物"之一。

然而,这样一位光鲜靓丽的女性商业领袖,也经历过人生低谷的至暗时刻。她是怎么走出来的呢?

1969年,谢丽尔·桑德伯格出生在华盛顿的一个犹太中产家庭。她的母亲是法语教师,父亲是一位眼科医生,家里一共有3个孩子。

---

① 即Facebook,美国社交网站。

桑德伯格从小学习优异，18岁考上了世界最高学府之一的哈佛大学。大三那年，她做了一个明智的决定——选修经济学专业。这个决定让她幸运地遇上了著名的经济学家劳伦斯·萨默斯。萨默斯一眼看中了她的能力，主动提出要当她的导师。

1991年，桑德伯格以第一名的成绩从哈佛大学毕业，跟学位证一起拿到手的，还有经济学专业的优秀毕业生奖——约翰·H.威廉姆斯奖。此时，她的导师萨默斯正准备前往华盛顿，担任世界银行发展经济学副总裁和首席经济学家。桑德伯格顺理成章地成了萨默斯的助手。

不过，跟着萨默斯进行调查研究工作的那2年，桑德伯格深感自己的不足之处太多。为此，她申报了哈佛商学院的工商管理课程，并在1995年顺利拿到了学位。

随后，她以经济学者的身份，在全球知名咨询公司麦肯锡担任了1年的咨询顾问。同时，她也在寻求新的机会。巧的是，她的恩师萨默斯又朝她抛去了橄榄枝。当时，萨默斯已经是克林顿政府的财政部副部长，正在为自己的团队物色首席幕僚和办公厅主任，而桑德伯格则是他的第一人选。

桑德伯格不到30岁，就被邀请出任克林顿政府的财政部办公厅主任了，可谓春风得意。

从世界银行到麦肯锡，再到克林顿政府的高级官员，萨默斯可以算是桑德伯格的贵人。这也说明，桑德伯格的才能是出类拔萃的。在《纽约客》上，萨默斯这样回忆与她的共事：

  桑德伯格总是认为，如果她的待办事项列表在一天开始时有30件事，那么在那天结束时，列表上应该有30个已办记号。

如果我犯了错误,她会告诉我。她十分忠诚,却也十分直接。她完全胜任这份工作,而且很出色。

不过,在克林顿政府执政结束后,桑德伯格却决意离开政府部门,去硅谷寻求新的发展。

得知桑德伯格的决定后,萨默斯自然想要留住她。不过,32岁的桑德伯格表示,她在美国联邦政府财政部工作的4年里,最大的收获,就是看到了科学技术革命是怎样发展起来的。她决心去硅谷,进入互联网行业。

桑德伯格还是辞职了。有人曾说,如果她还留在政府工作,很可能会成为下一个希拉里。

事实上,她做的这个决定非常大胆。因为2001年,科技业形势萧条,大公司裁员严重,小公司倒闭如潮,找到一份合适的工作并非易事。桑德伯格在硅谷辗转了一年,才收到来自谷歌首席执行官埃里克·施密特的工作邀请。

当时的谷歌刚成立3年,还没有实现盈利,但施密特的一段话打动了桑德伯格:

亲爱的桑德伯格女士,选择一份工作时只有一个标准是重要的,就是它能否让你快速成长。如果有人邀请你上一艘火箭,不要问上去之后能去哪儿,只要坐上去就可以了。我们就是未来的趋势。

桑德伯格心动了,果断接受了挑战。

2001年加入谷歌后,她仅凭几个广告项目,就在短时间内帮助谷歌实现了盈利。在桑德伯格的领导下，谷歌的侧栏广告业务收入激增，甚至成了谷歌最主要的收入来源。原来只有4个人的广告及销售团队，迅速扩张为4000人的超级部门，谷歌也从一家初创公司发展成了巨无霸公司。

正当所有人认为，桑德伯格会在谷歌的发展道路上越走越远时，一个意想不到的人出现了。

2007年的一个圣诞派对上，桑德伯格碰到了23岁的马克·扎克伯格。两人相谈甚欢，站在门口聊了1个小时。当时，扎克伯格创办的脸书网站虽然访问量增长迅猛，却盈利寥寥，他急需一个优秀的经营人才，来帮助网站实现质的跨越。

不过，聪明的扎克伯格没有马上开口——他担心桑德伯格看不上脸书这样一个小小的网站。但扎克伯格并没有放弃，而是每周都去桑德伯格家里拜访一两次，常常与她聊一些"非常哲学"的话题，直到深夜。经过一段时间诚恳的交流，扎克伯格的感情牌成功了。

2008年3月，桑德伯格离开谷歌，应邀出任脸书首席运营官。

当时很多人都觉得她疯了。要知道，桑德伯格作为美国最知名的高管之一，居然跑去给一个年仅24岁的毛头小子打工！这让很多人感觉匪夷所思。多年后，桑德伯格在一次演讲中坦言：

> 在我穿着学位服参加哈佛大学的毕业典礼时，我无论如何也想不到自己会到脸书工作，因为那时互联网还不存在——并且扎克伯格当时只有11岁。

那桑德伯格为什么做这种选择呢？她与扎克伯格曾经深入地沟通过。扎克伯格看中她，是因为脸书从许多方面来看更像是一个政府，而非一家传统意义上的公司。庞大的用户社区需要的帮助，正是制定政策服务，而桑德伯格正好有这样的政府背景。

桑德伯格欣赏扎克伯格的远见和谋略。大多数人都是一天一天，或是一周一周地想问题，而扎克伯格会放眼整个世纪。"我相信脸书会走得很远。"她说。

进入脸书之后，桑德伯格意识到，从扎克伯格到各大高管，多半是工程师、程序员出身。他们更擅长的是如何把网站变得更酷，而不是更赚钱。桑德伯格面临的难题在于，怎么让脸书这个资金"只出不进"的网站挣钱。

在桑德伯格的引导下，脸书定期举行高管会议，就盈利方向进行了一轮又一轮的讨论。最终，桑德伯格设计出一套平台广告植入方案，也就是"社交化广告"。

仅仅2年后，脸书就从资金"有出无进"的状态，转为年入数亿美元。而在2011年，网站员工人数更是从130人扩充到2500人，全球范围内的用户数量也从7000万发展到7个亿。也是在同一年，脸书的估值达到了千亿美元。

此后，虽然脸书有过高峰，有过低谷，但桑德伯格都稳稳地掌住了舵。

2013年，桑德伯格出版了自传《向前一步》，书里融合了她多年的商业经验和个人感悟，连续6周位居《纽约时报》非虚构类畅销书排行榜第一名。很快，她成了千百万女性眼中集完美事业和家庭于一身的成功典范。

说到桑德伯格的家庭，她有过一段非常让人羡慕的婚姻生活。

2004年，桑德伯格嫁给了前雅虎音乐高级副总裁戴夫·戈德伯格。婚后 3 年,两个可爱的孩子先后出生,这给他们夫妻带来了一个难题。因为夫妻二人不在同一座城市工作,时常在两个城市之间往返,多有不便。为了更好地照顾家庭,戴夫做出了牺牲,选择离开雅虎,去到妻子所在的硅谷工作。

他们一家人就这样幸福地度过了 10 年时光,可让桑德伯格没有想到的是,人生的至暗时刻正在向她靠近。

2015 年,戴夫在墨西哥度假时突发心梗,意外去世。他的离世,令桑德伯格的世界瞬间崩塌,生活陷入一片混乱之中。那时,就连戴夫的葬礼,也是扎克伯格和其他几位亲友帮忙操办的。葬礼结束后,桑德伯格久久不能从悲痛中走出来。她后来在脸书上发布了一篇悼文,字里行间流露出她对戴夫的爱:

> 戴夫是我生命中的基石。我们在一起的时间还远远不够长。然而,虽然此刻心如刀割,我依然十分感激。即使在最近几天,仿佛毫无征兆地身陷地狱,度过我生命中最黑暗最悲痛的时刻,我仍然知道自己有多么幸运。作为戴夫·戈德伯格妻子的这 11 年,与他一同为人父母的这 10 年,也许是我所能想象的最幸运、最幸福的时光,与他共度的每分每秒都让我深深感谢上苍。

从那时起,桑德伯格开始了漫长的创伤恢复期,并最终走出了极度悲伤,重新振作起来。

如今的桑德伯格,又重新回到了她在社交媒体行业的主战场。孩子健康快乐地长大,她也有了爱她的新男友,生活的全新一页就此掀开。而作为硅谷乃至全球最有影响力的女性之一,她一直在以各种各样的途径,激励年轻一代,尤其是女性,奋发向上。

桑德伯格给过职场女性一些重要建议：像男性一样"坐到谈判桌旁"，争取自己能够胜任的职位和应得的薪水；与伴侣有效沟通，共同分担家务和养育孩子的责任；在得到自己想要的职位前，"不要提前离场"。这些建议，对女性来说，都是相当实用的。

2018年，桑德伯格重回母校哈佛大学，在毕业典礼上做了一次演讲。演讲内容至今来看仍然深情而激动人心：

> 我们正处在人类历史上最辉煌的时刻之一，你不仅要经历它，还要塑造它。
>
> 你们中的许多人将致力于改变世界技术。你们将把世界其他地方连接起来，创造新的就业机会，颠覆旧的就业机会，给机器新的思考能力，给我们以我们从未想过的交流方式。
>
> 我们不是这些变化的被动观察者。我们不是冷漠的创造者。正如我们中的许多人一样，即使你的动机是好的，如果结果不如人意，你也有责任去改变它。
>
> 我们为那些使用我们所制造的产品的人、我们的同事、自己和所持有的价值观负责。所以，在你考虑加入一支团队、一个非政府组织或一家创业公司前，问问他们的所作所为是否有利于世界。

从学霸到政府部门领导，从谷歌到脸书，桑德伯格一直在进步之中。她是媒体口中名副其实的"硅谷第一女强人"，也一直在引领和改变商业世界的历史进程。我们既能看到她屹立于职场之上的强大，也能感受到她从幸福到悲痛继而又重新振作的心路历程。面对桑德伯格标志性的微笑，我们会发现，正是这些历程，让每个人都更能理解，一位强大的女性是怎样炼成的。

气质篇

阮玲玉
默片时代最伟大的演员，却死于"人言可畏"

1992年，电影《阮玲玉》完美还原了一代"旗袍美人"。烫卷的头发，精致的妆容，耀眼的珠宝，阮玲玉的优雅在眼波流转间缓缓流出。她穿上身的旗袍，无论有着简单的线条图案，还是繁复缤纷的花样，每一件都细细描摹着她的绰约风姿，也讲述着那个时代独有的女性魅力。

作为20世纪30年代片酬最高的女演员之一，阮玲玉拥有强大的票房号召力。在近年金鸡百花电影节的评选中，她更是位列中国百年电影史上"最出色的100位电影演员"之一。可惜的是，她这么优秀，却总是遇人不淑，为男人所累，最后在事业的顶峰，选择了走向人生的终点。她服药自尽那年，只有25岁，令人叹息。

1910年，阮玲玉出生在一个普通人家。她出生不久后，姐姐得了天花不治身亡；6岁时，父亲又患肺结核去世。不得已之下，母亲只能带着阮玲玉，靠做女佣来维持家计。

虽然生活条件不好，母亲仍然希望女儿能靠读书改变命运。起初，她把阮玲玉送进了一家私塾，但后来她发现，旧式学堂教的东西不够新鲜有用，于是就想把女儿送进学费昂贵的洋学堂。恰好，母亲做工的东家张老爷，正是上海崇德女校的校董。母亲就去求张老爷帮忙，才使阮玲玉得以进入西式学堂读书。

慢慢地，阮玲玉和张家四公子张达民熟络了起来。年轻的张达民喜欢上了年少青春的阮玲玉。作为"五四"新思潮下的富二代，张达民经常帮助阮玲玉母女俩。年仅16岁的阮玲玉，根本抵挡不住对方的感情攻势。

张达民向家人表态，自己要和阮玲玉结婚。但是，张家断然拒绝了这门门不当户不对的亲事，还把阮玲玉母女赶走了。张达民偷偷给阮玲玉安排了一处居所，让阮玲玉退了学，与之同居。母女俩只能靠着张达民的一点儿零花钱过活。

以阮玲玉那时的年龄、心智和阅历，她没有其他选择，也很难做出更明智的决定。钱很快就用完了，拿不出更多钱的张达民，就逼阮玲玉自己想办法。这时，阮玲玉遇到了生命中的第一位贵人——张达民的大哥张慧冲。

张慧冲是当时著名的武侠演员。他问阮玲玉："你想不想当演员？"

在他的介绍下，阮玲玉考入了明星电影公司，并通过试戏，在电影《挂名的夫妻》中担任女主角。后来，演出大获成功，阮玲玉也由此投身电影事业。

她先去了明星电影公司拍电影，后又转投大中华百合电影公司拍片，但饰演的角色多是一些妖冶女性，戏路很窄。直到1929年年底，阮玲玉终于碰到了让她爆红的电影——《故都春梦》。这部电影是根据法国著名小说《茶花女》改编而成的，在1930年上映后，极为卖座，陆续打破各地的票房纪录。

因《故都春梦》在商业上的成功，联华影业公司将阮玲玉和金焰聘为基本演员，复兴国片。此后，阮玲玉又接连拍摄了《野草闲花》等影片，既叫好又叫座，深受青年追捧。她也由此走上了大红大紫的演艺之路。

1932年夏天，阮玲玉遇到了一部对她来说意义重大的电影——《三个摩登女性》。这部电影的编剧是被誉为"中国现代戏剧三大奠基人"之一的田汉。阮玲玉特别喜欢电影里的进步女工周淑贞，因为这个角色和她以往出演的形象很不一样。她主动向导演要求出演，一副"不达目的不罢休"的态度。

1933年初，《三个摩登女性》上映，果然，引起了热烈的反响，成了新兴电影运动的"第一只报春之燕"。趁热打铁，阮玲玉又拍摄了《小玩意》《人生》《香雪海》等一系列偏向揭露社会黑暗、呼吁民众觉醒的进步电影。这些电影都秉持严肃进步的价值取向，号召救亡图存，对开启民智很有作用。

作为最当红的女演员，阮玲玉的演技也深受好评。和她齐名的一线女明星胡蝶，就曾大方夸赞过她：

阮玲玉是个好演员。她演得了我演过的角色，我演不了她演过的角色。

而曾经跟她合作过《故都春梦》的导演也说：

阮玲玉的天才演技是中国电影默片时代的骄傲。从默默无闻走到了联华一姐的位置，她是当时公认的戏路最宽、演技最好的明星。

不过，阮玲玉的演艺事业虽然很成功，爱情之路却并不尽如人意。

很多人都不知道，阮玲玉早在1927年就结婚了。当时，张达民的母亲去世，为了拿到遗产，他硬拉着阮玲玉去灵堂前结婚。虽然阮玲玉不愿意自己的婚姻如此儿戏，但考虑再三，她还是答应了。如此仓促又略显荒唐的决定，似乎也预示了这段婚姻的不幸。

结婚后，阮玲玉日渐陷入"地狱"之中，因为张达民吃、喝、嫖、赌、抽鸦片，五毒俱全。他不仅花光了自己继承下来的20万元遗产，还把阮玲玉辛苦积攒的1万多块钱拿去赌博，并不断伸手向她要钱。

为了跟张达民分手，阮玲玉带着母亲搬到了上海虹口区，但张达民却找上门来，强迫阮玲玉复合。无计可施的她，甚至多次服安眠药自尽，幸好都被救了回来。后来，阮玲玉又搬到了法租界，却还是逃不出张达民的手掌心。

阮玲玉不得不跟他吵："又来拿钱？没有！前几天才给你300元！这已够普通人家生活1年了，你怎么又要钱！"

张达民无赖地说："这不刚刚还完赌债嘛，又借了300元，结果还是输了。你再给我500，我一定翻本。"

阮玲玉说："没有！联华影业的董事长看在我的分上，聘用你当戏院经理。你又无学历，又无经验，还给你120元月薪，难道还不够吗？联华影业一般演职员的薪水每个月才不过40元，给你3倍的工资，你还不满足吗？那些钱你都花到哪里了？告诉你！我一分钱都不会再给你！"

张达民说："由不得你不给。你不给我，我就去摄影棚大吵大闹，看你要不要脸。你知道胡蝶的官司吧？法官专门问了胡蝶和她丈夫闺房之内的事，记者第二天就写到报纸上，全上海、全中国都看胡蝶怎么出丑。你猜，你16岁就跟我睡觉的故事，能不能与它比个高下？要不要我将详细经过讲给那些小报的记者听听？我肯定，你的这段情史，一定可以卖个高价钱。你想不想我讲出来呢？"

阮玲玉万般无奈，只能给钱。她性子柔弱，非常爱惜自己的形象，只能一再屈从于张达民的威胁。

此后，阮玲玉因为战乱暂时无戏可拍，在去香港避难时，认识了茶叶大亨唐季珊。

其实，唐季珊在乡下有老婆，并且一直和另一位大明星——中国电影史上的第一位影后张织云同居。不过，张织云早就认清了唐季珊的真面目。她深知，是唐季珊造成了她人生的不幸，因而不希望再有人步她的后尘。于是，张织云给阮玲玉写了一封信：

阮小姐，我写这封信给你，并不是怪你，也不是希望赶走你，好让我继续留在唐季珊身边。我已认清了唐季珊这个人，他是一个无赖！绝对不会真的爱你。

唐季珊对你好，只是为了借你的名字打响自家茶叶的招牌，利用你来做免费广告。一旦你不够红了，他就会抛弃你。而且，他总是不断地玩弄女人，根本不会停下来的。你趁早离开他，

> 不要中了他的圈套！不要走我这条老路！

可惜，那时的阮玲玉才22岁，根本听不进去。她相信唐季珊答应的"会对你好"。而且，她当时没有别的选择，张达民像毒蛇一样缠着她，她急需唐季珊的帮助来摆脱这段婚姻。

很快，阮玲玉就带着母亲和收养的女儿小玉，搬进了唐季珊的小别墅。在唐季珊的协商下，张达民答应签署一份《阮玲玉张达民脱离同居关系约据》，其中第二款明确规定：

> 阮玲玉每月至多给张达民一百元，以两年为期，即可断绝关系。

事情到这一步，阮玲玉本以为自己终于能松一口气了。但实际上，她不过是从一个火坑跳进了另一个火坑。

不久之后，唐季珊就原形毕露，公开追求另一位女明星梁赛珍不说，还对阮玲玉非打即骂，有时还不允许她回家。可怜的阮玲玉一度走投无路，只能请求情敌梁赛珍收留她。

那段日子，阮玲玉正在拍一部非常重要的电影——《神女》。这部电影的女主角，是一位因生活所迫、沦为暗娼的母亲。阮玲玉表演得非常动情，似乎把她人生中的痛苦全部投射了进去。她自己也对影片中的母亲有了深刻的理解：

> 她，是被捆绑的奴隶，也是跪在地上喂奶的母亲。当她在夜的街头找寻生意的时候，她是一个低贱的神女；当她怀抱起

她的孩子,她是一位圣洁的母亲。上层社会灯红酒绿,下层黎民卖身救儿!

她不想过这样的生活!但是,她刚刚躲过警察的追捕,又被流氓所纠缠和占有,她身不由己,还要保护孩子……

《神女》一度被誉为"中国早期电影的巅峰之作",阮玲玉的精湛演技也大受好评。故事的最后,虽然这位"神女"身陷囹圄,一生已毁,但她想到孩子可以念书,眼中依然有憧憬。

1934年,阮玲玉出演了电影《新女性》。导演蔡楚生很有才华,和极具表演天分的阮玲玉惺惺相惜,但因为蔡楚生已有家室,两人也仅止于合作关系。只是,谁也没有料到,这将是阮玲玉的最后一部电影。

这部《新女性》改编自知名女演员艾霞的真实经历。在电影中,阮玲玉饰演的女主角渴望独立自主,努力支撑自己和女儿生存下去,但却遭遇婚姻失败,最后不堪流言,选择自尽。

电影的最后一场戏,女主角吃下毒药,躺在床上静静等死,但她忽然又改变了主意,对赶来抢救她的医生竭力喊着:"救救我,我要活啊!"但是抢救失败,她只能在悲愤中死去。

万万没有想到,这些情节,后来成为阮玲玉的真实际遇。

当时,前夫张达民再度向阮玲玉敲诈,并到法院状告阮玲玉和唐季珊:

一告阮玲玉在他们张家时有偷窃行为;
二告阮玲玉把在张家窃得的钱财,交给了唐季珊;

三告唐季珊有"妨碍家庭罪"。

为了维护自己的名誉，唐季珊立即要求阮玲玉登报与之撇清关系。这段三角关系，顿时闹得沸沸扬扬。加上电影《新女性》本身就是批评"无良媒体"的，很多报纸记者心生怨恨，对阮玲玉肆意攻击，大泼脏水。

舆论的失控让阮玲玉失望至极，也让她彻底看清了当时那个社会。她要把最后的掌控权攥紧在自己的手里——死亡！她要用生命的终结去控诉，去成全世人的凉薄与荒唐，也成全自己的宿命。3月8日妇女节，阮玲玉写下控诉真相的遗书，吞药自尽。

斯人已逝，但是是非非并没有就此结束。唐季珊向社会公布了阮玲玉的遗书：

张达民，我看你怎样逃过这个舆论，你现在总可以不再陷害唐季珊，因为你已害死了我啊。唉，我一死何足惜，不过，还是怕人言可畏，人言可畏罢了。

季珊，我真做梦也想不到这样快，就和你死别，但是不要悲哀，因为天下无不散的宴席，请你千万节哀为要。我很对你不住，令你为我受罪。鸟之将死，其鸣也悲，人之将死，其言也善，我死而有灵，将永永远远保护你的。

正当所有人认为，是张达民逼死阮玲玉时，《思明商学报》却意外刊登了阮玲玉真正的遗书。据说，这份遗书是阮玲玉的情敌，也就是和唐季珊同居的女明星梁赛珍提供的：

达民,我已被你迫死了,哪个人肯相信呢?你不想想我和你分离后,每月又津贴你100元吗?你真无良心,现在我死了,你大概心满意足啊!人们一定以为我畏罪,其实我何罪可畏,我不过很悔悟不应该做你们两人的争夺品,但是太迟了!不必哭啊!我不会活了!也不用悔改,因为事情已经到了这种地步。

季珊,没有你迷恋梁赛珍,没有你那晚打我,今晚又打我,我大约不会这样做吧!我死之后,将来一定会有人说你是玩弄女性的恶魔,更加要说我是没有灵魂的女性。但,那时,我不在人世了,你自己去受吧!过去的织云,今日的我,明日是谁,我想你自己知道了就是。

原来,唐季珊为了洗清自己,公布了一封假遗书,而梁赛珍受不了良心的谴责,说出了真相。

在阮玲玉的葬礼上,12位电影界大腕将灵柩抬上灵车,一路有30万人前来吊唁,送葬队伍长达3公里。后来,更有5位女影迷模仿她自尽。美国《纽约时报》还特意写了一篇报道,名为"这是世界上最伟大的哀礼"。

电影里和生活中的阮玲玉们,她们虽然有着独立女性的觉醒意识,想要努力实现自身的价值,但却无法抵挡当时社会对美好女性的吞噬。这既是阮玲玉个人的悲剧,也是时代女性的悲歌。

可是,阮玲玉依旧是中国默片时代最伟大的女演员之一。从《故都春梦》到《新女性》,她对表演艺术的理解越来越成熟。由此，不断追求电影艺术创新的她，将中国默片推到了一个新的高度。

　　阮玲玉一生总共演了29部影片，演活了无数可怜的、可悲的、可叹的女性。这些角色骨子里都是勇敢的女性，宁死，也要向当时不公的时代抗争。

孟小冬
京剧"冬皇"与梅兰芳、杜月笙的爱恨姻缘

中国有一位著名的京剧演员,16岁就在上海滩一炮而红,素有"老生皇帝"之誉,被时人称为"冬皇"。她,就是孟小冬。

作为一位惊才绝艳、声誉极高的京剧女演员,孟小冬不仅长相秀美,连老生扮相也十分英俊,而且嗓音苍劲醇厚,高低宽窄咸宜,中气充沛,被公认为京剧"余派"的主要传人。

纵观孟小冬的一生,有人唏嘘,有人赞之为传奇。她先嫁梅兰芳,再嫁杜月笙,始终努力争取婚姻和人生的自主权。虽然有很多风波,最后她还是过上了安逸满足的晚年。

1908年,孟小冬出生在上海的一个梨园世家。打小时候起,她就开始跟着姑父仇月祥练功学戏,她既有好嗓子又有俊秀的扮相,越来越受戏迷欢迎。但很多人都不知道,孟小冬起初是学唱老旦的,后来才改学唱老生。

11岁时,孟小冬跟着戏班来到无锡,正式挂牌公演。她先后演

了4个月,连演130场,不用大张旗鼓地宣传造势,她就火了。之后,她辗转各大城市,征服了无数戏迷。

后来,孟小冬拜上海共舞台的老板娘兼台柱子露兰春为师。可她拜师后不久,露兰春就离开了,孟小冬不得不去救场。观众们惊喜地发现,这个16岁小姑娘的表演一点儿也不逊色于露兰春。于是,唱"老生"的孟小冬的梨园传奇之路,就从上海滩开始了。

不过,当时京剧圈内盛传这么一句话:"情愿在北数十吊一天,不愿沪上数千元一月。"意思是说,好的京剧演员都去北京了。1925年,想在梨园之路上精进的孟小冬孤身一人到了北京,她想拜著名京剧大师余叔岩为师。可惜,余叔岩年事已高,早已断了收徒的想法。于是,孟小冬就拜入了老生陈秀华的门下。

虽然孟小冬已小有名气,但丝毫没有傲气。她闭门不出,潜心学艺,每日勤奋练习。当她再度出现在舞台上时,一出《四郎探母》,让她在京城站稳了脚跟。连留洋归来、一向反对旧戏剧的胡适先生,也对她的演出赞不绝口。观众还送了她一个霸气的美称——"冬皇"。

1925年8月,一场汇集了梅兰芳、杨小楼、余叔岩、尚小云、孟小冬和裘桂仙等名角的义演,在北京举行。17岁的孟小冬虽资历尚浅,但面对前辈丝毫不怯场,表演艳惊四座。这场义演,也成了梅兰芳和孟小冬缘分的开端。

他们一个是天王巨星,一个是新晋"顶流",在京剧领域,可以说是旗鼓相当。第二次相遇,他们合演《四郎探母》;第三次相遇,他们又合演了经典的《游龙戏凤》。老生孟小冬是风流的正德皇帝朱厚照,花旦梅兰芳则是品貌一流的凤姐。他们默契十足,宛如神仙眷侣。

梅兰芳:"月儿弯弯照天下,问起军爷你哪有家?"
孟小冬:"凤姐不必盘问咱,为军的住在这天底下。"
梅兰芳:"军爷做事理太差,不该调戏我们好人家。"
孟小冬:"好人家来歹人家,不该斜插这海棠花。扭扭捏捏,捏捏扭扭十分俊雅,风流就在这朵海棠花。"
梅兰芳:"海棠花来海棠花,倒被军爷取笑咱。我这里将花丢地下,从今后不戴这朵海棠花。"
孟小冬:"李凤姐,做事差,不该将花丢在地下,为军的用手忙拾起,李凤姐,来来来,我与你插……插……插上这朵海棠花。"

孟小冬和梅兰芳都才貌双绝,在戏台上,一个男扮女装,一个女扮男装;而在台下,他们又惺惺相惜,情根渐种。当时,梅兰芳身边有一个小小的经纪人团队,被称为"梅党"。团队里的人想撮合这一对璧人,便替梅兰芳去孟小冬家提亲了。

但是,梅兰芳已有两房妻室:大房夫人王明华重疾缠身多年,早已去天津避世休养了;二房夫人福芝芳原本也是青衣行的,嫁给梅兰芳后就退出舞台,专心照顾家庭。梅兰芳对孟小冬的承诺是:"我自幼丧父,由伯父教养,兼祧两房;所以,你与福芝芳是不同的两房媳妇,你不是妾,是平妻。"

在几位前辈的保媒下,孟家认可了这门亲事,19岁的孟小冬就这样嫁给了33岁的梅兰芳,但不进梅家,而是住在梅兰芳另买的一套外宅里。婚后,梅兰芳还要求孟小冬退出舞台,理由是:"总不能让人说我梅兰芳连妻子都养不活吧?"

于是,孟小冬暂别舞台。可婚姻生活并没有想象中那般幸福安逸。结婚不久,他们家竟发生了一件血案。

据说,当时北京市市长王达的儿子王惟琛,非常喜欢孟小冬。当他得知孟小冬早已嫁给了梅兰芳,一怒之下冲到梅家。那会儿,梅兰芳正在睡觉,坐在会客厅里的,是梅兰芳的好朋友张汉举。王惟琛沉不住气,拔出枪来,抵住张汉举说:"你叫梅兰芳快些出来见我,他夺了我的未婚妻孟小冬,我是来跟他算账的,与你不相干。"

旋即,王惟琛又说:"要么,就让梅兰芳拿出10万来!"

张汉举镇定地与王惟琛周旋,而此时,军警已悄悄包围了梅家。王惟琛自觉上当,直接开枪打死了张汉举,自己随后也被警察当场击毙。

关于这件血案,还有一种说法,说杀人者是孟小冬的一个狂热粉丝李志刚。可不管凶手是谁,总归是一位自称孟小冬未婚夫的凶手杀了人。这件事给这对新婚夫妇造成了极大的心理阴影,福芝芳更有理由了,反复对梅兰芳说:"与她在一起,有生命危险。"梅兰芳也有几分疏远孟小冬,越来越少来她这边住了。

不久后,孟小冬收到一份由家人转来的天津《北洋画报》,报纸上说,梅兰芳将要携妻子福芝芳去天津演出,只字不提孟小冬。如此高调,置她于何地?孟小冬心里想必不太痛快。

看见女儿受了委屈,父亲孟五爷直言:"他能去天津唱戏,你为什么不能去唱?"

于是,孟小冬决心复出,每天用心排练,又找了曾经合作过的雪艳琴再度合作。天津戏坛听闻孟小冬复出，未演先热，《天津商报》还开辟专栏，称孟小冬为"吾皇万岁"。

孟小冬在天津演出期间，春和戏院连日爆满，声势极盛。加上她以男装出入各种交际场合，不敷脂粉，引人注目，声势完全把梅兰芳压了下去。

而返回北平后，孟小冬仍回娘家居住。梅兰芳自知理亏，只好到孟家低声下气地接回了孟小冬，带着她到广州、香港、上海等地演出游玩，二人才重归于好。

但没想到，不久之后，波折又起。梅兰芳原本要带孟小冬去美国访问，结果却取消了。孟小冬只得去质问自己的丈夫：

"你说过带我去美国的。护照我都在办了！这种演出机会，哪怕我不上场，也是可以帮你排练的，你怎么能反悔？"

梅兰芳支支吾吾："小冬，我……我很为难。芝芳现在有孕，不能出国。如果只带你去，就等于向世人宣布，你孟小冬是唯一的梅夫人。这样一来，便会委屈了芝芳。"

孟小冬："你说话不算数！我是你带得出去的正牌夫人。嫁给你这几年，我连你梅家正门都没有进过，已经够委屈了，如今，你连我们去美国也要反悔？"

梅兰芳："唉……我跟她说，因为她怀孕不能出国，我只能带你去。结果，芝芳她，她当场叫来外国医生，要在家里堕胎，说现在就要把孩子打了。我好说歹说，她不依不饶。我……我实在没办法了。"

孟小冬："我懂了。不用跟我说了。你也不要再来了。我不想见到你。"

事情发展到这一步，孟小冬已经很失望了，可还没等夫妻俩完全和好，又发生了第三件事。

1930年，梅兰芳的伯母去世了。因为梅兰芳同时继承了自己家和伯父伯母家的宗祧，他的伯母相当于他的母亲，那名义上也是孟小冬的婆婆。举行葬礼那天的下午3时多，孟小冬剪了短发，头插白花，披麻戴孝，走进梅家大门，却被几个仆人拦住了。福芝芳挺着大肚子过来了，不让孟小冬进门。

就在两人相持不下的时候，梅兰芳赶过来，低声劝福芝芳，让孟小冬进来在灵前磕个头就走。但福芝芳以肚子里的孩子相要挟，禁止她进门。绝望的孟小冬哭着出了梅宅大门，跑回了娘家，大病不起。

孟小冬深知，她和梅兰芳之间的裂痕，已经无法弥合了。

8月10日，孟小冬去了天津，一边治病，一边潜心向佛。10月，在天津的一次为水灾的急赈募款义演当中，孟小冬的表演上座极佳，广受好评。梅兰芳原本也在被邀之列，但孟小冬坚决不肯见他，更不肯与之同台。

对于梅兰芳来说，福芝芳和孟小冬两位妻子都很重要，他很难同时照顾到两头。梅党中的魁首冯耿光，替梅兰芳做决定，要他选择福芝芳，理由是："孟小冬为人心高气傲，她需要'人服侍'，而福芝芳则随和大方，她可以'服侍人'。为梅郎一生幸福计，就不妨舍孟小冬而留福芝芳。"

孟小冬彻底明白了。她不再发脾气，而是约了梅兰芳谈话，要求离婚。孟小冬只说："冯六爷不是已经替你做出了最后选择了吗？请你放心，我今后要么不唱戏，再唱戏不会比你差；今后要么不嫁人,再嫁人也绝不会比你差!"

孟小冬有个结拜姐妹姚玉兰,彼时已是上海大亨杜月笙的姨太太了。姚玉兰让杜月笙出面,给在北平的梅兰芳打电话,让梅兰芳拿笔钱出来,当作给孟小冬的离婚补偿。梅兰芳不敢得罪上海滩大亨,答应给4万。为付这笔钱,梅兰芳把他心爱的北平无量大人胡同的花园住宅卖掉,并于1932年全家迁居上海。

1933年9月5日至7日,天津《大公报》头版连续3天登载了"孟小冬紧要启事",文中称:

> 经人介绍,与梅兰芳结婚。冬当时年岁幼稚,世故不熟,一切皆听介绍人主持。名定兼祧,尽人皆知。乃兰芳含糊其事,于祧母去世之日,不能实践前言,致名分顿失保障。虽经友人劝导,本人辩论,兰芳概置不理,足见毫无情义可言。冬自叹身世苦恼,复遭打击,遂毅然与兰芳脱离家庭关系。是我负人?抑人负我?世间自有公论,不待冬之赘言……

这段轰轰烈烈的爱情与婚姻只有6年,就以悲剧告终,成为京剧界的一桩痛事。

从鸟笼里出来的孟小冬,重新回到了戏台上。这一回,她坚持要拜大师余叔岩为师。一开始,余叔岩为了避嫌,不肯收徒,直到1938年10月,他收了一位老武生演员的儿子为徒,也就答应一并收了孟小冬。从此,孟小冬每日前往余家学艺,风雨无阻。她放下自己的巨星架子,从头学起。她表示,只要是在跟余叔岩拜师学艺期间,她放弃一切业务与演出,一出戏一出戏地学。

孟小冬的言行令余叔岩很感慨："你早已是挂牌的红角儿，这是完全放弃了挣大钱的机会呀。难能可贵，难能可贵啊！你多年拜师，有这耐心，吃得了苦。我遍寻该行当，目前内外行中，接近我的戏路，且堪造就的，只有你一人。"

而孟小冬说要从《武家坡》和《击鼓骂曹》开始学起。这又令余叔岩吃了一惊："这两出，你不早已唱出名堂了吗？你在14岁时就已灌过唱片了。"

孟小冬则表示："两出戏论成就最高，恩师之技艺无人可撼动。我希望忘掉我所学，从头跟恩师学起。"

年少成名，却如此谦虚好学，毫无骄矜之气，少有。有如此心气，还愁不成好戏吗？余叔岩再无疑虑，细心教导，孟小冬耐心求学，学习了30多出戏，风雨不改。多年后，晚年的孟小冬依旧秉持余派的精神。在课徒传艺时，碰到个别自己没有上场演出过的戏，她总是严肃地说："余师有言，没有演出过的戏，切不可教人。我不敢违背老师的遗愿。"

如此虔诚与信守承诺，不仅得到了余叔岩的真传实授，更受到了京剧界广大同行的尊崇。

1943年，余叔岩因病逝世。孟小冬奉上挽联，字字惜痛：

清方承世业，上苑知名，自从艺术寝衰，耳食孰能传曲韵；
弱质感飘零，程门执辔，独惜薪传未了，心丧无以报恩师。

时间回到1937年，孟小冬受邀前往上海演出。她的闺蜜姚玉兰结婚后一直在上海生活，演出后，她便把孟小冬留了下来。而姚玉兰的丈夫，上海滩三大亨之一的杜月笙，也一直是孟小冬的戏迷。

自打相识以后，杜月笙都很鼓励孟小冬继续自己的梨园之路。当初，是他帮孟小冬向梅兰芳讨回了分手费；也是他，在孟小冬5年不演出期间，支持着她的生活费用。生活中的扶持让他们二人成了知己，感情也逐渐升温。虽然杜月笙大了孟小冬20岁，但这个称雄上海滩的男人，到底在那个动荡的岁月，给了孟小冬最大的精神和情感支撑。

1949年，杜月笙带着全家人迁居香港，打算之后再去法国。他想带孟小冬一块儿走，可在临行办护照时，孟小冬问他："请问，我跟过去是什么身份？是女朋友还是丫鬟？"

杜月笙深觉欠孟小冬一场婚礼。在1950年秋天，他强撑着病体，给了孟小冬一个体面的仪式。婚后，孟小冬正式成为杜月笙的五姨太，而杜家的孩子们也改口叫孟小冬为"妈咪"。此时，杜月笙62岁，孟小冬42岁。第二年，杜月笙病逝。

后来，孟小冬在1967年移居中国台北，从此深居简出，认真教导徒弟。其间，周恩来总理曾请孟小冬回大陆，但终因种种原因未能成行。

1977年，孟小冬在度过了平静安详的晚年后，因病去世，享年69岁。

她这一生，艺术成就颇高，虚心向学，勤奋有天赋。京剧大师余叔岩的教导，奠定了她的艺术地位，成就了一代戏剧皇后。孟小冬的感情故事虽令人感慨，但她认真而执着，不管是梅兰芳还是杜月笙,她都不会因为感情放低自尊,决不苟且。

这样一位头脑清晰又有气概的女性,能够在经历了不少乱世风波之后,为自己的人生找到安稳的归宿,可称得上是既有实力,又有智慧。"梨园冬皇"——孟小冬,当之无愧。

可可·香奈儿
一个改变全世界审美的女人

2018年世界品牌500强排行榜发布,法国品牌香奈儿位列第44位。它的产品种类繁多,5号香水、小黑裙、2.55菱格链条包,每一样都是时尚必备;双C标志和小香风套装,更是早已成为时代标志。

潮流易逝,风格永存。时尚传奇可可·香奈儿,是美国《时代周刊》评选出的整个20世纪以来最具影响力的20位艺术家之一。她是时尚商业史上的先驱,至今,她所创立的时尚帝国,仍然屹立潮头。可事实上,香奈儿并非生来就是贵族。她出身贫苦,这一切,都是她个人奋斗而来的。

1883年8月19日,加布里埃·香奈儿出生在法国西部的索米尔小镇。她出生时,父母还没有结婚,所以严格来说,她是个私生女。在那个贫穷的家庭里,身为街头小贩的父亲三天两头不着家,她的母亲不得不独自抚养5个儿女。不幸的是,在香奈儿11岁的时候,母亲病逝,父亲抛下孩子们离家出走了。

在香奈儿后来的叙述中,她是被父亲送去姨妈家寄养的,可姨妈对她并不好,没有耐心教导她。不过,香奈儿并不想让人知道她出身和童年的细节,所以每次讲这段经历的时候都不太一样。

现在可信度比较高的说法是:母亲去世后,父亲把她的两个弟弟送去了农场做工,而香奈儿姐妹三人则被送到了一所修道院,学习基础的缝纫知识。当时,艰苦的生活,肃穆的环境,对她的影响很大。修道院里肃穆的雾霭灰、珍珠白和墨黑色,成了她最常用的颜色。

18岁那年,香奈儿离开了修道院,在一所教会学校精修缝纫技术。不久后,她就在一家针织品店当起了店员。只是,心高气傲的香奈儿不甘止步于此。为了挣更多钱,1905年,22岁的香奈儿来到咖啡厅卖唱,并起了艺名"可可"。从此,她不再是加布里埃,而是可可·香奈儿。

在咖啡馆驻唱的时候,香奈儿认识了贵族军官艾提安·巴勒松。巴勒松喜爱骑马,拥有一座自己的庄园。他给予香奈儿的,不仅是爱情,还有她从未见识过的贵族生活,这给了她全新的生活感受。然而,巴勒松有很多情人,这使得香奈儿的地位十分尴尬——既不是女仆,也不是女主人。

就这样,她等来了巴勒松要跟别人结婚的消息。艾提安·巴勒松说:"亲爱的可可,我要结婚了,但我不希望你离开我。我的家族与姓氏,注定了我必须遵从家族的要求,与门当户对的女子结婚,这没有办法改变。但我的心依然是属于你的,而且,与我在一起,我会带你见识名流社会,带你认识各种贵族与豪门,你的梦想,我也能帮你实现……"

可可·香奈儿实在没办法接受:"太可笑了。你说爱我,却要跟别人结婚,又不让我走。跟你在一起,既自由,又不自由——可是,我想要解脱,想整天骑着马往树林里跑,放飞我自己,而不是在你牢笼一样的豪宅里!"

香奈儿跟巴勒松分手后,又爱上了巴勒松的好兄弟,贵族青年亚瑟·卡柏。卡柏不仅承担了香奈儿全部的花销,还带她走入巴黎的文学界、文艺圈。在他的引荐下,香奈儿结识了毕加索、尚·高克多、皮埃尔·勒维迪等20世纪著名的艺术家、文学家。

卡柏对香奈儿的感情很深,甚至在跟别人提起她的时候说过:"如果让我离开香奈儿,不如砍下我的一条腿。"

问题是,卡柏嘴上说得好听,但一直有别的情人。他跟巴勒松一样,不愿娶香奈儿这样一个出身贫寒的姑娘。

香奈儿也曾憧憬稳定的婚姻和忠诚的爱情,她也有过妒忌和气愤。据说,她还剪碎过卡柏的衣服。但最终,香奈儿还是没有离开。因为,她的灵感与野心已伴随着眼界一步步打开,她需要卡柏的金钱和人脉,来实现她的梦想。在卡柏的资助下,香奈儿终于有了属于自己的第一家帽子店。

当时,观看赛马是贵族名流的一项消遣。香奈儿注意到,赛马场上的贵妇都喜欢戴帽子,但传统礼帽繁复笨重,戴着不是很方便。于是,她重新设计,去掉了烦琐的装饰,赋予礼帽简洁而时尚的线条感。有位贵妇人一眼就喜欢上了这种改良版的帽子,大力把香奈儿的帽子店推荐给好友,这让香奈儿设计的帽子受到了名流、贵妇、小姐们的追捧。

27岁的香奈儿因此变得小有名气,她的恋情绯闻,也增加了大家对她私生活的好奇。总而言之,帽子店的生意越来越火了。

有了更多的资本后,香奈儿不满足于只做帽子,开始进军时装领域。1913年,香奈儿和卡柏在名流度假首选的诺曼底海滨小镇多维尔开了第一家服装店。因为喜欢骑马,她照着男装给自己裁剪了一条优雅的长裤,使得女士长裤成为一种时尚。

第二年,香奈儿又把自己的专卖店开到了巴黎,对后世影响深远的时装品牌香奈儿正式宣告诞生。

1914年,第一次世界大战爆发,法国经济陷入低迷。大家终于意识到,设计过于烦琐和花费昂贵的服装已经不合时宜。而此时,香奈儿用一种简单廉价的布料,设计出别致的套装,便于穿脱,行动方便,十分适合战争时期女性工作的需要。仅仅一个夏天,香奈儿的服装店就赚了20万法郎。

她终于实现了财务自由。听听香奈儿对时尚的见解吧:

> 没有什么东西比烦琐、累赘、故作气派的装束更让一个女人显老的了。
>
> 我有钱了,钱对我来说就意味着自由,其他什么都不是,有钱才会自由。我曾经被贫穷所击败,所以我才会深刻地明白,我需要购买的只是自由,我会不惜一切代价买下它。不过,金钱给生活以点缀,但金钱并不是生活。我从不是一个女英雄,但是我选择了我想成为的样子,而现在,正如自己所愿。

香奈儿很快就还完了当初卡柏资助给她的钱。虽然卡柏已经和一位名门小姐结了婚,但他依然与香奈儿保持着密切的情侣关系。

1919年的一天,卡柏因车祸意外离世。他身上还带着给香奈儿的圣诞礼物——一条名贵的珍珠项链!当香奈儿赶到车祸现场时,她忍不住放声痛哭。多年后回想起卡柏,香奈儿吐露过一句心声:"失去了卡柏,我等于失去了一切。"

可香奈儿真的失去了一切吗?才不呢!

难过归难过,这件事却没有阻挡她乘风破浪。卡柏给她留了4万英镑。据估计,100年前的4万英镑,相当于今天的144万英镑,也就是一千多万人民币。香奈儿用这笔钱买了别墅,扩大了服装店的店面。

这一阶段的香奈儿,事业如日中天,把自己的服装品牌经营得有声有色。她不仅把自己的头发剪得像男人一样短,还用男装的面料和版式设计出全新概念的女性套装:无领羊毛小夹克,搭配过膝短裙,这就是最经典的"香奈儿套装"。欧美上流社会中流传着一句话:"当你找不到合适的服装时,穿香奈儿套装没错。"

香奈儿在时尚业的极大成功,不仅令她暴富,也开始令她声名显赫。她陆续有过许多情人,其中不乏明星、艺术家、政要、贵族,等等。但在这些恋爱中,她不再是依靠别人成长的小鸟,相反,那些落难的艺术家和王公贵族,才是仰慕她,靠她滋养的一方。

在香奈儿的恋爱史上,俄国著名作曲家斯特列文斯基值得一提。

早在1913年,由斯特列文斯基作曲的芭蕾舞剧《春之祭》在巴黎香榭丽舍剧院首演。这部剧打破了古典主义音乐的传统,别具一格，因而剧场内充斥着各种嘘声和谩骂。然而，身在现场的香奈儿却沉浸其中，很是享受。7年后，也就是卡柏离世的第二年，香奈儿和斯特列文斯基在一次宴会上相遇了。

斯特列文斯基问："可可·香奈儿小姐，我记得在《春之祭》首演上，德彪西起身喝彩，而圣-桑中途退场，骂我是个疯子，毕加索和马蒂斯也不喜欢。为什么你却很喜欢呢？"

香奈儿回答："我不懂音乐，我也不知道该怎么评价您这部惊世骇俗的《春之祭》。但我知道，不该被世俗遮住眼睛，我们要学会欣赏打破传统的现代音乐。我确实大受震撼。斯特列文斯基先生，如果你有需要，请打电话给我。"

眼神交会之际，他们就意识到了互相的欣赏与爱慕。很快，斯特列文斯基联系了香奈儿，告诉她："我的家庭陷入了窘境……我已山穷水尽……"

香奈儿答应帮助斯特列文斯基，让他住进了她的别墅——它很大，足以多容纳一位伟大的音乐家。不仅如此，它还容纳了斯特列文斯基生病的妻子凯瑟琳——他们一家都住进来了。

只是，一个是穷困潦倒的音乐家，一个是富裕的时装艺术家，两人不可抑制地滋生出了爱情的火花。而斯特列文斯基的妻子凯瑟琳，在病中无可奈何，反而试图讨好房子的主人。

这段恋情，不仅间接催生出香奈儿最经典的五号香水，也让斯特列文斯基写下了大量优秀的作品，包括他特别喜欢的《彼得鲁什卡》。即使后来二人分手，香奈儿依然给斯特列文斯基的音乐事业提供了很多帮助，还以匿名的方式捐赠30万法郎，让芭蕾舞剧《春之祭》得以重演。

这时，另一个人出现在香奈儿的生活中。他就是西敏公爵——号称全欧洲最有钱的单身汉。他的伊顿庄园和雷伊森林，足足有5万公顷那么大。不管他带着香奈儿去哪个国家旅行，当地都有他的庄园和房产。

那段日子，香奈儿和西敏公爵公开出双人对，俨然以伊顿庄园女主人自居。不仅如此，西敏公爵还让她成功进入了英国的上流社会，并结识了日后的首相丘吉尔。

不过，西敏公爵也不可能和香奈儿结婚。但对于香奈儿来说，是否结婚真的不重要了。她的生意越做越大，恋爱越谈越精彩，何必自我限制呢？

历史的车轮滚滚，第二次世界大战开始了，又结束了。在第二次世界大战期间，香奈儿因为和纳粹军官的恋情而受到法国自由委员会的质询，虽然最终被释放，但她的声誉却降到历史最低。为此，她移居瑞士，沉寂了10年。

1955年2月，72岁的香奈儿推出了2.55手袋，重出江湖。这是一款金属链条包，搭配以优质软皮革。这样的设计取代了传统手袋，解放了女性的双手，至今，2.55链条包依然是市场上最受欢迎的女式提包款式之一。

但在当时，香奈儿复出的时装展却在法国受了冷遇。后来，法国电视台的记者采访了香奈儿。

记者："您如何看待您回归后的首场时装秀？"

香奈儿："不要紧。我又不是第一次失败了。"

记者："您能预测今年的流行趋势吗？"

香奈儿："不能，因为我不知道。时尚是瞬息万变的，我会担心我过时了。"

记者："您的工作里最困难的是什么？"

香奈儿："让女人无须伪装自己，不必因为今天的穿着而改变自己的态度和行为。"

记者："您认为'优雅'的定义是什么？"

香奈儿："我只能不断重复我的观点，而很少人真的能了解：女人往往喜欢盛装打扮，却一直离优雅很远。"

有意思的是，香奈儿复出虽然在法国声势不大，但却在美国引起了很大的反响，就连当时的美国第一夫人杰奎琳，都爱穿香奈儿的高级定制。不仅如此，时尚行业的圣经 *VOGUE* 杂志，更是公开支持香奈儿说："香奈儿一直都明白女人真正的渴求，并且一直创造那些能给予女人自信的服饰。"

另一本主流期刊《生活》杂志，也对香奈儿的成就热情讴歌：

> 她已经引领着一切，她创造的不仅是一种时尚，更是一场革命。

自此，香奈儿重回时尚界的顶端，从法国走向了世界。时至今日，她缔造的时尚帝国，依然生机勃勃。

1971年1月，香奈儿去世，享年88岁。

她一生未婚，却从来不缺爱情。她始终追求独立与自主，追求

真我和个性。这些,也贯彻到了她的设计当中。美国《时代周刊》评价道:

香奈儿的设计改变了人们对女性的看法,也使女人重新了解自己。

香奈儿自己,也说过一句足以表明她人生态度的话:

你可以穿不起香奈儿,也可以没有多少衣服可供选择,但你一定要拥有一件最重要的衣服,那件衣服叫作"自我"。

奥黛丽·赫本
降落人世的最美天使

2003年，美国电影制片人肖恩·费勒为他的母亲写了一本传记《天使在人间》。书里的天使，他的母亲，便是英国女演员奥黛丽·赫本。

作为好莱坞最著名的女星之一，赫本被美国电影学会选为"百年来最伟大的女演员"第3名。她主演的电影《罗马假日》《蒂凡尼的早餐》和《窈窕淑女》可以说是家喻户晓。而她在影片中的经典造型，也令人过目难忘。赫本独到的品位，一直以高雅著称，直到今天，还不断有女明星在模仿她。

除却在电影和时尚领域的成就，赫本还是联合国儿童基金会特使。中年以后，她全身心地投入到慈善工作当中，多次不顾重病缠身远赴非洲，贡献力量。这么多年，赫本悲剧性的童年、不幸的婚姻，都没有让她沉沦，反倒滋养出她的美丽和善良。所谓天使，也不过如此了吧。

1929年5月4日,奥黛丽·赫本出生在比利时布鲁塞尔,她的母亲是荷兰贵族后裔,父亲是英国的银行家。但优越的家境并没有给赫本带来幸福的童年,在她小时候,父母聚少离多,而在纳粹的不断扩张之下,赫本的亲人陆续遭受迫害。更糟糕的是,她的父亲信仰法西斯主义,在赫本6岁时就抛下妻女走了。

多年后,赫本在接受采访时,倾谈了自己对父亲的感受:

> 父亲在某天就突然消失了,母亲解释说他出门旅行并且再也不会回来了。母亲不停地哭,我只是陪着她,但作为一个孩子,当时我并不清楚发生了什么。我从小就知道孩子有父亲是非常重要的,但我的父亲把它破坏了。他将自己抹去了,这让人绝望。父亲的离开是我小时候遭受的第一次重大打击。它给我带来了创伤,并留下了巨大的烙印,使我终生没有安全感。
>
> 我拼命避免让我的孩子们失去父亲。家庭变得破碎后,你会对感情变得非常不安,如果能拥有它,你会十分感激,并且你极度渴望将自己的感情奉献出去。

失去父亲这件事,深深地影响了赫本的一生。

1939年9月,第二次世界大战爆发,10岁的赫本跟随母亲来到荷兰。那段日子,赫本深深地迷上了芭蕾舞,她非常珍惜每次跟老师学习的机会。可在战乱时期,因为食物极度匮乏,当时正处于发育阶段的赫本,很多时候只能以郁金香球茎充饥,这使得她患上了营养不良和贫血等疾病。

身高1.7米的她,体重只有40公斤,非常消瘦,而那时落下的许多病根，也伴随了她之后的人生。

战争结束后，母亲为了帮助女儿实现芭蕾独舞演员的梦想，带着17岁的赫本来到英国，而赫本也幸运地考上了伦敦非常有名的玛莉·蓝伯特芭蕾舞学校。

看着自己距离梦想又近了一步，赫本非常刻苦地练习。但有一天，赫本的老师，当时世界上最伟大的芭蕾舞演员之一——玛莉·蓝伯特对她说，她已经错过了系统练习芭蕾舞的最佳年龄，再加上她太高了，不可能成为首席独舞演员。无可奈何之下，赫本听从了老师的建议，开始接触一些模特和演出的工作。

1948年，19岁的赫本出演了银幕处女作《荷兰七课》。接着，她在《高跟鞋》《鞑靼酱》《开胃酱》等歌舞剧中，发挥出了自己的舞蹈特长。与此同时，她还接下了舞台剧《金粉世界》。当时，这部剧在美国百老汇连演了219场，赫本也因为"琪琪"这个角色，获得了世界戏剧大奖最佳女主角。

在出演了许多电影配角后，1952年，赫本迎来了电影生涯中的第一个女主角——《罗马假日》中的"安妮公主"。凭借这部电影，赫本收获了她的第一次奥斯卡最佳女主角提名，并成功获奖。

不得不说，《罗马假日》是一部载入史册的经典电影，赫本的齐刘海造型迷倒了全世界的观众，清秀出尘的外形和亲切自然的表演，在往后数十年依然为人津津乐道。

但如此优秀的赫本并不自信，在拍摄现场，她总是工作时间最长的那一个。好莱坞著名导演彼得·博格达诺维奇与赫本合作过，曾这样评价赫本：

在镜头之外,她双手颤抖,焦虑万分,对人和善,又脆弱无助。可一旦开始拍摄,当她进入镜头之后,奇迹就发生了。她精神焕发,神采飞扬,从她瘦弱的身躯中迸发出一种力量,就像一只铁蝴蝶。她的表演强劲有力,明朗清晰,举手投足之间都流露出一种专业素养,毫无雕砌之感,似乎表演是她的第二天性。

赫本出众的气质、迷人的外形,一直散发着巨大的吸引力。21岁时,赫本在伦敦的一场酒会上结识了她的初恋——29岁的英国企业家詹姆斯·汉森。这个男人对美丽的赫本一见钟情,赫本也认为汉森成熟可靠。彼时,赫本正处于事业起步期,但她始终希望能够事业与爱情兼得。

几个月后,她便宣布了和汉森订婚的消息。但事与愿违的是,《罗马假日》的成功让赫本成了巨星,她的生活发生了翻天覆地的变化。由于无法维持之前的生活方式,他们两人的人生步调很难再保持一致;而汉森的劈腿,让赫本不得不忍痛放弃了这段恋情,解除了婚约。

虽然追求者众,但最终赫本却出人意料地选择了一个比她大12岁、有过3次婚姻、有5个孩子的二三线演员梅尔·费勒。她和费勒相识于电影《罗马假日》的伦敦首映式,是由电影的男主角——也是赫本的好友格利高里·派克介绍的。

两人在赫本出演舞台剧《翁蒂娜》时宣布订婚,而且很快就结婚了。1960年,赫本在经历了两次流产之后,生下了大儿子肖恩。

这段婚姻,其实早有隐患。因为在《罗马假日》后,赫本已经是全球最高片酬的女演员之一，片酬以百万美元计。她如日中天的名声与费勒平庸事业之间的差距越来越大。费勒最为人所熟知的作品，就是与赫本合作的电影《战争与和平》，但赫本演的是这部电影的女主角，而费勒的表现并不亮眼。费勒不能忍受妻子比自己强，男人的自尊心，让他强势介入赫本的工作，赫本的剧本他必须先看，甚至还自作主张地改戏。

梅尔·费勒："这部剧的吻戏必须删掉！"

奥黛丽·赫本："但是我还没看！我都不知道它说的是什么呢！编剧是个优秀作家，我要看看他是怎么写的，才知道吻戏是不是必要。"

梅尔·费勒："你没必要看了，我说删就必须删。我帮你把关。你什么都不懂，只会被人骗，现在居然越来越不听我的话了。"

奥黛丽·赫本："我每次都听你的，但你不跟我打招呼就取消了我的好几个行程，影响了我的电影宣传。你为什么不为我考虑呢？"

梅尔·费勒："你还顶嘴！我给你安排工作，难道不是为了你好？"

即便赫本很郁闷，但还是一次次地听从了丈夫。她认为这些控制是丈夫对她的爱。她也不希望自己比丈夫强，时常刻意隐去锋芒，有一回甚至说："没有费勒的电影，我不会出演。"

可惜的是，赫本的退让并未换来费勒的感激，等待她的，是费勒出轨西班牙女演员的事实。

1968年，竭尽所能挽回婚姻的赫本，还是和费勒离婚了。悲伤的赫本对好友格利高里·派克说："我一直尝试，极力想保住我们的婚姻，但太难、太难了。做我们这一行，常常要表演热烈爱抚，有时就不免假戏真做。这个圈子里，婚姻真难维持啊！请你相信，我是把婚姻和家庭放在第一位，而把事业放在第二位的。"

值得庆幸的是，嫁给费勒的那几年，正是赫本的事业巅峰期。

1954年，赫本凭借舞台剧《翁蒂娜》获得托尼奖最佳女主角。随后，她先后拍摄了《龙凤配》《战争与和平》《窈窕淑女》《甜姐儿》等电影，而1961年的电影《蒂凡尼的早餐》，更是当年最卖座的影片之一。可以说，这部电影奠定了赫本不可动摇的时尚偶像地位。时至今日，半个世纪过去了，影片中穿着小黑裙、戴着珍珠项链的她，依然是优雅的象征。

但事业成功的赫本，却遭遇了婚姻的失败。赫本为此形销骨立，体重急剧下降到42公斤，并剪去了一头长发。

1968年，离了婚的赫本四处旅行，一边散心一边疗伤。她在一次去往希腊的旅途中，遇到了罗马大学的心理学家安德烈·多蒂。

多蒂比赫本小9岁，号称从少年时就是赫本的崇拜者，身为意大利人的他，浪漫多情。在两人环游爱琴海时，浪漫史也轰轰烈烈地展开了。不到3个月，他们已经在认真地谈婚论嫁。可是，赫本的母亲和身边的人都反对这门婚事，唯独赫本坚持己见，她这样描述这段爱情：

> 你知道被掉落的砖块打到头的滋味吗？这是我对多蒂的感

觉,它真的是突如其来。原本,我几乎已经放弃了;难以想象,爱情又降临在我身上了。我又恋爱了,真的很开心!我必须要和多蒂结婚,要和他生孩子。

赫本开始学习做一位太太。

与此同时,剧本不断地寄到她家,几乎塞满了信箱,但赫本全都拒绝了。她认为,上一段婚姻的失败,是因为她的事业太成功,所以这一次,她必须放弃事业。她曾说:"我终于得到幸福了。我不再拍电影了,今后我要专心演好妻子和母亲的角色。"

婚后不久,赫本就发现自己怀孕了。为了保住胎儿,她在瑞士安心静养,一直待到孩子出生。她本以为多蒂会是一个好丈夫、好爸爸,但除了偶尔去瑞士看望她,多蒂其余时间都在罗马,一点儿也没有成家的样子,甚至流连于夜总会和脱衣舞厅。

即便赫本已生下了儿子卢卡,并回到了罗马的家中,多蒂也依旧流连艳情场所。据媒体统计,在他们结婚期间,多蒂出轨多达200次。《国家调查》也曾刊登过这样一段话来描述他们的婚姻:

多蒂是个淫妇的儿子,而奥黛丽却是个圣人。当奥黛丽在罗马时,多蒂就装得像个天使;但当多蒂和女演员、模特儿一起被人拍到时,他非常狼狈,恨不得把这些女人藏进汽车里。

赫本不幸地重蹈覆辙了。虽然她非常想要一个完整的家,但一次一次的妥协还是换不回丈夫的心,她终于绝望了。

赫本把一个女演员的职业黄金期都给了婚姻,但婚姻却总是伤害她。遭受二度婚姻失败的赫本，后来遇到了荷兰演员罗伯特·沃德斯。当时，沃德斯刚刚丧妻，两个伤心人被命运安排着走到了一起。

1982年，53岁的赫本正式离婚后，没有再婚，而是在沃德斯的陪伴下走过了余下的人生，这是赫本人生最幸福的时光。也许，正因为幸福而平静，大家对他们这段感情的谈论并不多。

在这段时光里，赫本偶尔还会出演电影，但她已经把人生的方向放到了慈善事业上。她不遗余力地利用自己的影响力，唤起社会对索马里、苏丹等落后国家儿童生存状况的关注。

1988年，赫本出任联合国儿童基金会大使，开始了她新的使命。

她曾坐在货运飞机里的米袋上，辗转十几个小时，飞到充斥着战火与传染病的埃塞俄比亚，然后背着孩子、撑着阳伞，走访镇上的粮食分配中心。

她曾去到非洲的苏丹，参与联合国的"苏丹生命线"工程，帮助那些饱受内战之苦的人们。

她曾去往"被上帝遗忘之地"索马里，亲眼看到大批因传染病和饥饿而死去的儿童，像牲畜一样被装在卡车上运走，然后她不顾被传染的风险，爬上卡车，想要看那些孩子最后一眼。

她还曾到过委内瑞拉、萨尔瓦多、洪都拉斯、孟加拉、越南等国家，奔走于最穷、最危险、条件最艰苦的地方……

正是因为这些出于大爱的付出和努力，赫本受到了多国人民的爱戴和欢迎。

1989年6月13日，赫本以联合国儿童基金会亲善大使的身份，

在日内瓦发表演讲。这个演讲现在听来,依然令人动容:

> 非常遗憾的是,现在儿童事业仍需要很大的支持,许多儿童处在营养不良、疾病和死亡威胁之中。你不用知道确切的数字,只要看看那些瘦小的脸庞和生病中透明的眼睛,你就会明白他们生活在怎样的处境中。这些都是严重营养不良病症的表现。导致这种病,最重要的因素就是缺乏维生素 A。这会造成眼角膜受损,甚至部分或完全失明,几周之后他们可能就会死去。
>
> 在印度尼西亚、孟加拉、印度、菲律宾和埃塞俄比亚等国,每年会有 50 万之多的此类病例。今天,实际上有上百万的儿童正在受到失明的威胁。

那一刻,芳华老去的赫本焕发出了新的光彩。

遗憾的是,在 1992 年去索马里的时候,赫本已经身患结肠癌。她在拥抱病童的同时,自己也遭受着病痛的折磨。同一年,她被授予美国文职最高荣誉——"总统自由勋章"。

最高荣誉加身,并没有让赫本的病情好转。生命最后的弥留之际,儿子问她,还有没有什么遗憾?她说:"没有,没有遗憾……我只是不明白为什么有那么多儿童在经受痛苦。"

1993 年 1 月 20 日,64 岁的赫本在瑞士去世。好友伊丽莎白·泰勒伤感地说:"天使回到了天国。"

为了纪念这位"人间天使",第 65 届奥斯卡金像奖在 1993 年授予赫本"吉恩·赫肖尔特人道主义奖";2002 年 5 月,联合国儿童基金会纽约总部为新揭幕的青铜雕像取名为"奥黛丽精神"——

她是获此殊荣的唯一一人。

赫本这一生是幸运的,也是不幸的。幸运的是,她生来便拥有过人的美貌、谦卑质朴的天性,这不光让她获得了事业上的成功,也让她成为世人眼中的缪斯女神;不幸的是,父亲抛弃她,两任丈夫背叛她,她对生活的希望在无形之中被消磨去了大半。但即便如此,赫本依然将无尽的爱奉献给了困境中的孩子们,身体力行,燃尽最后一分光与热。

正如同她说过的那句话:

在年老之后,你会发现自己的双手能解决很多难题,一只手用来帮助自己,另一只用来帮助别人。

玛丽莲·梦露
越性感，越孤独

　　如果你在马路上随机采访一个过路的行人，谁是过去100年里最性感的女人？也许，你听到的将会是同一个名字：玛丽莲·梦露。

　　在人们的印象中，梦露已经是性感的化身了。微翘的双唇，标志性的美人痣，被风吹动的白色纱裙，还有奔跑在海边时的开怀大笑……这些，都让她成为流行文化的代表人物。

　　当然，梦露首先是一位伟大的演员，一代巨星。她位居"百年来最伟大的女演员"第6名。早在半个世纪前，她拍摄的23部影片，就已经创造了约20亿美元的价值。然而，梦露的一生，从家庭到爱情、婚姻都十分不幸，36岁便香消玉殒。她的光芒背后，藏着太多辛酸。

　　1926年6月1日，梦露出生在美国洛杉矶，原名叫诺玛·珍，是一个私生女。她的母亲先后结过两次婚，在第二次离婚后才生下梦露，所以梦露从未见过自己的父亲。而她的母亲则患有先天性精神疾病，一发病就要用刀砍人。迫于无奈，母亲在短暂地抚养过梦露一段时间后，就把她送走了。在梦露的回忆中，母亲从来没有抱过她。她心酸地说："我不相信母亲真的想要我。母亲说，如果我出生的时候就死掉，日子应该会好过一些。我相信，我的母亲在这个世界上已经不存在了。而父亲，父亲在没有见到我之前就逃得无影无踪，我对那些陌生的男人还能有什么期待呢？"

被父母弃养的梦露，先在孤儿院里待了1年半，后又辗转于12个不同的寄养家庭，其中最短的一次寄养不过四五个星期。在这些寄养家庭中，梦露经常挨打，从来没有哪对养父母善待过她。

梦露的最后一个收养人，是她母亲的好友格蕾丝·麦基。虽然和其他人比起来，麦基对梦露还算不错，可她的丈夫却性侵了当时还未成年的梦露。对此，麦基毫无办法，只是把梦露送到了自己的姑母家。可万万没想到，姑母的儿子再次性侵了梦露。

这段童年经历，对年少的梦露造成了巨大的创伤：不断被抛弃，反复被性侵。无助的她，实在是太渴望家庭的温暖了。

1942年，麦基要搬家了，但她觉得带着梦露一起走不方便，于是想到了一个安置梦露的办法。她对梦露说："听我说，我们家要搬到另一个州，不能再带着你了。你长大了，到了应该结婚的时候了。你的丈夫我也帮你挑好了——詹姆斯·多尔蒂，你认识吧，就是咱们邻居的儿子，比你大4岁，很老实本分，在飞机制造厂工作，有收入，可以养你。多尔蒂以后会是你的终身依靠……"

尽管16岁的梦露一再申辩，她还没有做好准备，她不爱多尔蒂，也不想结婚，但从头到尾，没有人在乎过她的意见。在养母的安排下，梦露无奈地嫁给了多尔蒂。

显然，没有感情基础的两个人根本合不来。婚后没多久，多尔蒂应征入伍，参加第二次世界大战。而对梦露而言，这是一种解放。为了养活自己，她去了飞机无线电设备制造厂，找了一份给飞机部件喷漆的工作。

1944年，正在工作的梦露和其他几位年轻女工突然被一起叫去拍摄军事教学片，以鼓舞前线将士。也正是在这一次拍摄中，美国军方摄影师大卫·康诺弗在人群中发现了惊为天人的梦露。虽然照片最终没能被刊登出来，但康诺弗却把梦露推荐给了蓝书模特经纪公司。随后，梦露与他们签约，当了模特，开始登上国内外刊物的封面。

同样是在这一年，18岁的梦露迎来了人生的第一个转机。她被二十世纪福克斯电影公司看中，签署了一份短期合约，正式以"玛丽莲·梦露"这个艺名登上大银幕。

事业的新机遇，让梦露有了直面生活的勇气。她果断结束了自己和多尔蒂的婚姻，全身心地投入到了电影拍摄中去。

但娱乐圈的工作，并不是一帆风顺的。合约到期后，二十世纪福克斯电影公司将梦露"扫地出门"。但她并不气馁，转而来到哥伦比亚电影公司参加试镜，并成功地拿到了一份新的合约。在这里，电影《热女郎》和《快乐爱情》让梦露的表演受到了关注，典型的金发性感美女形象开始成为她的标签。

这时，好莱坞著名经纪人约翰尼·海德一眼看中了梦露，对她说："凭我的能力，一定能把你捧成明星，不是那种签合同的演员，是明星！"

1950年，约翰尼·海德动用关系，为梦露在电影《彗星美人》中争取到一个关键角色。这部电影史上的经典之作获得了14项奥斯卡金像奖提名。虽然只是一个配角，但在巨星云集的阵容中，身穿浅色抹胸裙的新人梦露，却成了影片的焦点。在最后几场戏中，几乎所有观众的视线都投向了她。可以说，这部电影为梦露赚尽了人气。

但在梦露的事业前程一片坦途的时候，她的悲剧性格开始显现了。《彗星美人》的导演约瑟夫·曼凯维奇说：

> 玛丽莲总是独自一人。她是我认识的最孤独、最寂寞的人。这个女孩遭受孤独之苦，但是她不愿意融入人群，她看起来总是一副要独自逃走的样子。她不会交朋友，也不好交际。当我们在片场的时候，她却躲在酒店客房里。

电影公司可不管这些。1951年，二十世纪福克斯电影公司重新找到梦露，把之前签订的6个月合同期限延长至7年。那时，梦露已经成为影迷心中的性感明星，平均每周收到5000封求爱信。在采访中，她坦荡无忌，向一个记者透露："我的衣服里面是真空的，根本没穿内裤、短衬裤、吊袜带或乳罩。"

但是，成也性感，败也性感。有不少批评者认为，梦露只会卖弄性感，他们不仅看不起她的演技，还嘲笑她没有羞耻心。

就在梦露的事业蒸蒸日上之际，一家挂历公司突然公开了她的裸照——原来，梦露在成名前曾为这家挂历公司拍过裸照，眼看梦露声名鹊起，他们就把照片发了出来。

当时，想利用梦露来挣钱的公司绝对不止一家。《花花公子》杂志的创办者休·赫夫纳，就花费500美元买下了其中一张裸照的版权，并把它登在《花花公子》的创刊号上。随即，这本杂志迅速卖出5万多份，为赫夫纳净赚2万7千美元。这样的成绩，在当时简直是销量奇迹。

不过，这场风波的名利最终都便宜了别人，而梦露的星途则受到了不小的打击。她违背公司的意愿，大大方方地承认了："我以前去拍裸照，纯粹是被生活所逼。我没有什么好抱歉的。"

尽管如此，裸照风波还是让梦露一度心力交瘁，还生了一场大病。那时陪在梦露身边的，是她忠实的追求者，著名棒球明星乔·迪马吉奥。

迪马吉奥比梦露年长12岁，一直在她最需要陪伴的时候守护着她。从小缺爱的梦露心动了，于1954年和迪马吉奥举行了婚礼。随后，他们便一起去了日本度蜜月。

不巧的是，美军驻远东指挥部向梦露发出了去韩国参加部队慰问演出的邀请。梦露获悉后，马上中断蜜月，奔赴韩国。当时正值寒冬，美国大兵们都穿着保暖的军装，梦露却只穿着吊带连衣裙就登上了舞台。现场成千上万的大兵们欢声雷动，热血沸腾。虽然巡演只有短短4天，但观看梦露演出的士兵总数却达到了10万人之多。曾有美国大兵说，看到梦露表演的那一天，是他人生中最幸福的日子。

经过这些事情之后，梦露总算从裸照风波中走了出来，事业又如日中天。她先是登上美国国民期刊《生活》杂志的封面，后又在星光大道留下手印和脚印。紧接着，梦露拍摄了一部对她影响最大、令全世界印象最深刻的电影——《七年之痒》。

这部电影中有一幕已经成了影史上的经典:梦露屈膝站在地铁通风口,她的白色深V裙被风撩起来,她大笑着把裙摆按住,紧闭的双目,微翘的双唇,在恍惚间显得格外迷人。这样的梦露,既天真纯情,又性感妖娆,她的"尤物"形象,在世界范围内深入人心。

但正是这个经典场景,也成了梦露和丈夫迪马吉奥离婚的导火线。

迪马吉奥希望梦露退出娱乐圈,专心当一个贤妻良母,不再在公众面前抛头露面。不仅如此,他也很反感梦露穿性感暴露的衣服。《七年之痒》中这个几近走光的镜头,令迪马吉奥大发雷霆。结果,他对梦露实施了家暴。结婚274天后,两人宣告婚姻破裂。

梦露一边处理恋爱与婚姻的烦恼,一边加入了一个演员工作室,潜心学习表演。在1952年的《无需敲门》中,梦露的演技有所突破。片中不安的保姆,是她当时饰演过的最具戏剧化也最具挑战性的角色。传记作者唐纳德·斯伯特曾这样评价梦露的表现:

> 她的表演充满力度和忧伤,众多感情融合在她的脸上,眼泪如此自然,绝望与内心慌乱的表情使其表演独具特色。

1955年,得益于《七年之痒》的成功,跻身巨星行列的梦露获得了事业上的主导权,她可以挑选导演和剧本。接下来的电影《巴士站》,则成了她最彰显演技的作品。

虽然学历不高,但梦露却很喜欢读书,比如《尤利西斯》《草叶集》《历史研究》,甚至《资本论》,等等。她总想证明,自己并不是一个头脑空空的金发尤物，而是一个文艺女青年。

也正因如此，梦露才会爱上比她大11岁的美国著名剧作家阿瑟·米勒。

米勒是美国现当代最优秀的剧作家之一，他的作品《推销员之死》曾一举包揽普利策奖、托尼奖和纽约戏剧评论奖三项大奖。

米勒和梦露相识于1950年，那时，梦露还只是一个三流演员，米勒曾给过她艺术上的指导。据说，两人早已一见钟情，但当时米勒尚有妻儿，而他本质上又是一个保守陈旧、有强烈道德感的男人，所以他一再往后退缩，不敢向梦露表白。

直到1956年，梦露和正处于婚姻危机的米勒再度相逢。梦露表达了自己对他的爱慕。没想到，米勒的回答却是："你是我遇到过的最悲伤的女孩。"梦露认为米勒读懂了她。于是，他们相爱了，梦露重新恢复了笑容。

不过，两人起初还没有对外确立关系，但一次意外，却把他们的感情公之于众。

由于受到冷战影响，文艺作品的审查制度变得异常严格。米勒因为影响颇大的戏剧作品《萨勒姆的女巫》而被众议院调查。审查委员会怀疑米勒的政治倾向，扣押了他的护照，并对他进行审讯。意外就在这时发生了。

米勒被无理的盘问彻底激怒，几近咆哮着喊道："把我的护照还给我！你们知不知道，我要和即将成为我妻子的女人团聚！我将与玛丽莲·梦露结婚！"

要知道，这场审讯是上了电视的，而梦露当时正坐在电视机前,看着这场完全意料之外的求婚。

1956年6月29日,梦露和米勒在康涅狄格州举行了婚礼。

刚开始,他们很幸福。梦露特意为米勒准备了一个安静的书房,每天给他准备早饭,并照料他的两个孩子。而米勒也全力支持妻子的演艺事业,愿意作为陪衬去参加妻子电影的首映式。不仅如此,米勒还为妻子撰写剧本,这才有了后来的电影《乱点鸳鸯谱》。

可是,梦露的工作压力很大。她一边怀着身孕,一边还在坚持拍戏,之后接连两次流产,这对她的身体和精神造成了很大的伤害。尤其是梦露的精神状况,更是接近抑郁、崩溃,她为此不得不服用大量的安眠药。

阿瑟·米勒写道:

> 梦露是一名站在街角的诗人,人人都想拉下她的衣服,她却试图向他们朗诵诗句。她光芒四射,又被黑暗包围,这种黑暗令我不知所措。我的所有精力和注意力,都用来帮助她解决那些层出不穷的问题。不幸的是,我做得并不很成功。
>
> 我和梦露的婚姻,是一场自我毁灭。

1959年,梦露拍摄了电影《热情如火》,并凭此片获得了金球奖喜剧片最佳女主角奖。这部影片是她最受欢迎、评价最高的作品,至今都是世界影史上的喜剧经典之最。

但在电影拍摄期间,梦露有一次因为不小心服用过量安眠药而被送进医院抢救。荒谬的是,米勒并不心疼妻子,反而觉得梦露是在让他丢脸。他的反应伤透了梦露的心。

到了拍摄米勒为她写的电影《乱点鸳鸯谱》时，梦露认定，米勒笔下的这个女主角是在丑化她，为此，她的抑郁症变得更加严重了。1961年，在这部电影上映前夕，他们的婚姻画下了句号。

三度离婚的梦露精神压力过大，每天都需要看医生。但就在她身体极度糟糕的情况下，二十世纪福克斯电影公司还逼迫她接下了电影《濒于崩溃》。结果在电影开拍后不久，梦露就请假超过17次，导致预算超支了100万美元。于是，剧组不得不把梦露开除，撤换女主角。但最终，这部电影也没能拍完。

梦露悲伤地说道："我总是很孤独，这就是为什么我那么喜欢电影。在电影里，我可以完全忘掉自己。可是，现在这些肤浅的角色根本没能让我实现自己的价值。我完全可以更深刻、更有趣。我这一生，从来没有做过自己，我只是在扮演一个名叫玛丽莲·梦露的女人，扮演着人们心中的梦露！"

作家约翰·吉尔默曾写过她真正的境遇：

男人们因为她是玛丽莲·梦露而靠近她，又因为她是诺玛·珍而离开她。她是如此的形单影只，但是又害怕这样孤单一人。她说这是一个囚笼，她想知道怎样脱离这个囚笼、获得自由。她说："我不得不告诉你，在我的生命中，没有一个人曾经爱过我，我孤身一人陷在这个可怕的囚笼中。"

1962年5月29日，梦露现身美国总统约翰·肯尼迪的生日会。她穿着性感晚礼服，唱了一首《生日快乐歌》。

彼时，关于她和肯尼迪总统的流言早已甚嚣尘上，他们之间的暧昧八卦几乎传遍了全世界。多年后,部分公开的美国秘密档案记录了梦露在生前最后几年的生活——她的确与肯尼迪总统关系密切。不仅如此,她还和肯尼迪总统的弟弟,也就是当时的司法部长罗伯特·肯尼迪来往亲密。

但奇怪的是,在那场生日会不久之后,肯尼迪兄弟俩同时中断了和梦露的关系。而让所有人都没有想到的是,同年8月5日,梦露死在了位于洛杉矶的布莱登伍德公寓,终年36岁。

被人发现时,梦露全身赤裸地趴在卧室的床上,被子只勉强盖住了她的半个身子。经警方查证,梦露死于服用了过多的安眠药,但直到今天,还有很多人怀疑她的真正死因并非如此。这,也成了一桩悬案。

在人生的最后时光,梦露在日记里写道:

我曾拥有的名声和光环已经散去,幸好我早已洞悉它的虚无缥缈。我庆幸自己曾经置身其中,而没有深陷其中。

事业是个好东西。但在寒冷的夜晚,你不能把它裹在身上。

如果要评价梦露,我会说,她是一位一生都在不幸中挣扎的女性。小时候,无父无母和饱受伤害的经历造成了她悲惨的童年;长大后,不管是为了谋生而去拍裸照,还是被电影公司盘剥,都让梦露备受苦楚。好不容易遇到的爱人,却只能给她短暂的温暖,而等待她的,则是爱情和婚姻里更大的伤害。

尽管人生的起点看上去那么糟糕,梦露还是走出了人生的辉煌。她为了克服自己的缺点，努力去读书，专门去学习演技，推掉重复的性感角色。这些尝试和付出，都是为了能在事业中更上一层楼，对抗惨淡的人生。

梦露曾说过一句话：

> 梦想成为一名女演员，比真的成为一名女演员要激动人心得多。

在这个意义上，梦露是成功的，是了不起的。她无愧为影史上最伟大的演员之一。我相信，哪怕过了100年，世人都依然会怀念这位风华绝代的性感偶像。她的美，是一种标准，一份来自心灵的希望。

也许，梦露是孤独的，但是，她的笑容却点亮了我们每一个人。

戴安娜王妃
从天真少女到大不列颠的人民王妃

2021年5月20日,"BBC骗访戴安娜王妃"的新闻出现在各大媒体的头版头条。人们这才知道,戴安娜在20多年前接受的采访,居然是BBC通过伪造银行票据而促成的。

在那次采访中,戴安娜第一次吐露,她和查尔斯王子的婚姻存在第三个人。而后,BBC将这次采访剪辑成纪录片,并在电视上播出。在很多人眼中,这也是戴安娜悲剧人生的催化剂。

戴安娜王妃是英国人心中永远的"英伦玫瑰",被亲切地称为"人民的王妃"。她既是最好的时代偶像,也是伟大的人道主义者。她对慈善事业的付出,深深地感动了无数人。在戴安娜去世的20多年里,世间依然流传着她的传说。

可惜的是,戴安娜一生追逐爱,但婚姻并不幸福。而当这些痛苦全都被公之于众时,她所受到的伤害,是普通人无法想象的。

戴安娜·斯宾塞1961年7月1日出生于英国诺福克郡,是爱德华·斯宾塞伯爵的小女儿。她从小生活富裕，家里有6个帮佣，左邻右舍都是王室贵族。身为伯爵，戴安娜的父亲需要有一个能继承自己爵位的儿子，但除了早夭的长子，戴安娜的母亲生下的全是女儿。等她最终生下儿子的时候，这段婚姻已经危机四伏。

在戴安娜7岁那年，父母离婚，戴安娜和弟弟跟着父亲生活。在那之后，她就被送去了寄宿学校。戴安娜的幼年生活中充斥着无尽的孤独，以至于她曾遗憾地说道：

> 父母从没说过爱我，从来不会拥抱我，或者有任何一种亲密举动，一次也没有，没有任何原因。

戴安娜童年时的保姆也说过，戴安娜其实一直梦想着爱情和完美的婚姻。

> 戴安娜小时候的梦想就是婚姻幸福，有个大家庭。但她同时也很严肃地表示："我不会结婚，除非我真的爱他。因为如果你没有爱，你就会离婚——而我从来没有打算离婚。"对于一个小女孩来说，这是一个相当深刻的声明。

有传言称，戴安娜13岁时就迷恋上了"黄金单身汉"查尔斯王子，就连卧室里都贴着他的照片。查尔斯王子毕业于剑桥大学三一学院，喜欢运动，还是画家，受到很多贵族小姐的青睐。

但实际上，传言有误，戴安娜在16岁时，才第一次见到查尔斯。巧的是，查尔斯当时的约会对象之一，是戴安娜的姐姐萨拉——两人曾交往过9个月。但谁也没想到,此后,查尔斯看上了萨拉身边的戴安娜,展开了疯狂的追求。18岁的少女戴安娜,自然无法抵挡一个王子的爱慕,她以为自己是童话里的公主,忍不住天真地说:"我想与他共度人生的一切悲喜。"

然而,这段感情中却隐藏着危机。

早在1971年,查尔斯就交往过一个名叫卡米拉的贵族女子,只不过因为要服役,他与她的感情因两地分隔而降温了。后来,卡米拉虽然嫁给了查尔斯的一位军官朋友,但在结婚生子后,依旧暗暗跟查尔斯保持着暧昧关系。

可是,英国王室需要一位身家清白的女子来当未来的王后。卡米拉不可能嫁入王室了,于是,查尔斯挑中了清纯貌美的戴安娜。

1981年2月6日,查尔斯在温莎城堡向戴安娜求婚。7月29日,二人在伦敦圣保罗大教堂举行婚礼。而在这之前,他们俩只见过13次面。

这是一场隆重的世纪婚礼。BBC面向全球7亿多观众,用33种语言转播了婚礼盛况。

当天上午9点,伦敦所有教堂钟声齐鸣,沿途上百万民众拿着鲜花,守在婚礼马车要经过的每一个街道路口,一路欢呼。而在圣保罗大教堂内外,2500多名政要名流挤得满满当当,成列的皇家仪仗队士兵彰显着英国王室的气派。

在众人的期盼中,戴安娜头戴斯宾塞家族的王冠,手捧瀑布花束,乘着"玻璃"马车缓缓出现。她头披长纱,脚踏镶有132粒珍珠的丝绸婚鞋。那条裙摆长达8米,裙面缀满10000颗珍珠的曳地婚纱，衬得她格外优雅尊贵。而一身军装的查尔斯王子，正站在红毯尽头，紧张地等待着新娘的到来。

这场"世纪婚礼"是如此之梦幻，真实的王子和公主，让观众都激动起来。但这真的有那么完美吗？后来，戴安娜揭发了这一切背后的辛酸：

> 这是我人生中最悲惨的一天。婚礼全程我都在到处找卡米拉，我知道她出席了。人们都说婚礼是最幸福的时刻，但我却丝毫没有感觉。终于，我看到了她，她就站在那儿，这一幕刻骨铭心。虽然我是新娘，但我知道，我的丈夫没有心思看我，他也在寻找这个女人的身影。

没想到吧？查尔斯的情人卡米拉，竟然出现在婚礼现场，气定神闲地看着戴安娜。明知情敌在场，戴安娜依然希望仪式能完美地进行下去。她含情脉脉地看着查尔斯，耳边传来证婚人的声音。

证婚人："查尔斯王子殿下，你愿意娶这位女士做你的合法妻子吗？无论是否健康，你都愿意爱她、敬她、陪伴她，只忠于她？"

查尔斯王子："我愿意。"

证婚人："你们相爱吗？"

戴安娜："当然，我们彼此相爱。"

查尔斯："不好说，看你怎么定义相爱。"

闻得此言，戴安娜灰心丧气。这短短的一句话，预示着她嫁入王室后坎坷前路的开端。连度蜜月的时候，查尔斯都随身带着卡米拉的照片和定情信物"双C袖扣",并在电话里对卡米拉说:"无论发生什么,我永远爱你。"

不过,戴安娜和查尔斯到底新婚宴尔,两人也曾有过短暂的甜蜜期,不少摄影师都拍到过他们夫妻二人在马场上卿卿我我的恩爱瞬间。

可惜这种好日子并不长。他们之间没有什么共同语言和爱好,感情日渐冷淡。虽然戴安娜生下了两个儿子,但夫妻二人的矛盾越来越不可调和。不知道从什么时候开始,查尔斯会在戴安娜出门后和卡米拉私会。有时,戴安娜前脚刚出门,卡米拉的车后脚就停在了他们家门外。

戴安娜发现,自己无论如何都无法吸引丈夫的注意,她精神濒于崩溃,患上了暴食症。加之没有康复的产后抑郁,她甚至5次割腕自杀。戴安娜曾当面质问查尔斯,为什么卡米拉始终在他的生活里。查尔斯冷酷地说:"我拒绝成为历史上唯一一个没有情人的威尔士亲王。"

戴安娜向女王哭诉:"帮帮我,我该怎么办?"女王只是回答:"噢,我也不知道,查尔斯已经无可救药了。"菲利普亲王则对查尔斯王子说:"如果你的婚姻维持不下去,5年之后,你可以再回去找卡米拉。"

戴安娜感慨道:"没有一个人来解救我,连一个可以冲着喊叫的人都没有。哪怕只是扶着我的手,听我哭诉也好。但没有。"

尽管如此,她仍然对挽回感情抱有幻想。

1989年,28岁的戴安娜决定直接和卡米拉见面。在卡米拉妹妹40岁生日时,卡米拉邀请了查尔斯,也顺带礼貌性地邀请了戴安娜。意外的是，戴安娜出席了这场没人觉得她会来的活动。盛装出席的她直接穿过人群，找到了正在与查尔斯聊天的卡米拉。她无视查尔斯，直接与卡米拉对话。

戴安娜王妃："我想让你知道，我很清楚发生了什么。很抱歉我挡了你们的道，但不要把我当成猴子耍。"

卡米拉："你什么都有了，全世界的男人都爱你，你还有两个漂亮的孩子，你还要什么啊？"

戴安娜："我想要我的丈夫。"

卡米拉没有直接回答。但她满不在乎的样子，就像是胜券在握。这次对峙，戴安娜注定得不到她想要的结果。

不堪忍受的戴安娜，也出轨了。她一度想和一名王室保镖私奔，但这件事没能隐瞒多久就被发现了，那名保镖立刻被调离岗位，几个月后死于一场奇怪的车祸。戴安娜很内疚，觉得是自己害死了他。

在那之后，戴安娜还有过几段恋情，其中最糟糕的一段，是和马术教练詹姆士·休威特。两人相恋3年，但这个男人却在戴安娜去世后出书，大爆自己和戴安娜的恋爱细节，口口声声说是戴安娜主动追求他的。这般行为，让很多人替戴安娜感到不值。而事实上，1992年，当时的英国首相就已宣布，查尔斯和戴安娜早已分居。

时间很快来到了1995年，戴安娜接受了BBC的一次深度访谈。面对采访者马丁·巴希尔，她似乎已经毫无顾忌：

> 这场三个人的婚姻，太拥挤了。我们的夫妻生活，一开始，

三个星期一次。生完哈里后,查尔斯王子再也不碰我了,六七年前就没有了。我对卡米拉的担忧没有停止过。查尔斯不在我身边,所有人都知道他去找谁了。但在王宫里,我不知道该信任谁。

我以为是我配不上他,所以我想惩罚自己。我宁愿伤害自己也不想伤害别人。我不断地自残、试图自杀,但没有人能听到我的诉说。所有人都开始给我贴标签:"戴安娜精神失常,戴安娜情绪不稳定。"我一直坚信,你应该学会迷惑你的敌人。

BBC记者马丁·巴希尔警惕地问:"敌人?你的敌人是谁?"
戴安娜答:"敌人,就是我丈夫那帮人啊。"
访谈纪录片一出,立刻成为轰动世界的大新闻,英国王室的老底被掀了个底儿掉。王室的虚伪与腐朽,瞬间被暴露无遗。戴安娜的这次访谈,让王室陷入了史上最大的危机。女王不得不下令,允许查尔斯马上与戴安娜正式离婚。

直到26年后,当初的采访记者马丁·巴希尔和BBC承认,是他们伪造了票据,并且通过"欺诈手段"骗取了戴安娜弟弟的信任,这才获得对戴安娜王妃的独家访问的机会。一时间,几乎全世界都在谴责BBC的不择手段,但无论如何,节目播出之后,就再也没有任何挽回的余地了。

1996年,戴安娜和查尔斯正式离婚。不过,虽然她不再是英国法律意义上的王妃了,但依然是一个好妈妈。戴安娜说过:"我要用爱和情感来抚育我的孩子,让他们在充满安全和幸福的环境中长大。"

而每每提及母亲，威廉王子也总是会流露出心中的那份依赖：

> 我在学校时会收到妈妈给我的卡片，搞笑的卡片上却写着超级暖心的内容。妈妈费心地要让我们看到平民百姓的生活，带我们去探视无家可归的人，让我们不与现实生活脱离。她是世界上最好的妈妈。

其实，对于戴安娜而言，自己是不是王妃并不重要，因为她从来没有把自己视为王室的附庸来履行职责。她的个人光芒，早已不是王室所能掩盖住的。

戴安娜曾资助筹建了20多个慈善基金会，出访过北非、印度、安哥拉、巴基斯坦等贫困地区。她的慈善举动，也不像一般王室成员那样，简单地和别人握握手，而是真诚地走入人群中，倾听民众的心声并与之交谈。有时候，她还会带上两个儿子去收容所，一起了解社会底层的真实情况。由于她的关注和呼吁，不少地区人民的生活都得到了很大的改善，联合国也因此授予她"人道主义奖"。

在很多慈善家眼中，戴安娜几乎是可以和南丁格尔、特蕾莎修女齐名的"天使"。我们都知道，在20世纪80年代艾滋病被发现之初，人人都以为它是一种"接触即死亡"的绝症，根本没有人愿意和艾滋病患者接触。即便是在医院，很多医生在给艾滋病患者问诊时，也会戴上橡胶手套、面具并穿上隔离衣。可在1987年7月，戴安娜以王妃的身份，访问了英国当时唯一愿意接待艾滋病患者的密德萨斯医院。她既没有戴手套，也没有穿防护服，而是直接握住

了艾滋病患者的手,表达自己真挚的慰问。戴安娜的这一举动,震惊了全世界。戴安娜说:

> 我握着病人们的手,和他们说说话。也许不久的将来,有些人会继续坚强地活着,也有些人会离开这个世界。但无论如何,我都希望他们还在的时候,感受到被这么多人爱着,他们并不孤单。

实际上,戴安娜当时压力最大的还不是"传染",而是王室对她的反对。当戴安娜告诉女王,她想引导人们更关注艾滋病问题时,女王的回答相当冷淡:"你就不能做点儿体面美好的事吗?"

直到许多年以后,女王才私下承认,戴安娜是对的。美国国家艾滋病信托基金会的加文·哈特深情地说:"戴安娜是世界上最杰出的防艾宣传大使,她的成绩固然前无古人,更加后无来者。"

除了亲自探望艾滋病患者,戴安娜还曾冒着生命危险,参加过一个名为"反地雷运动"的慈善活动。那时候,非洲的波斯尼亚和安哥拉等地区,因为常年混战而遗留下很多地雷,每年因为误踩地雷而截肢的平民数不胜数。

1997年,戴安娜参加红十字会组织的安哥拉之旅,身着简单的防护服,亲自行走在插满骷髅标记、随时有爆破危险的安哥拉重雷区。不久后,她又去了波斯尼亚的一个村庄,探访那里的民众。要知道,那里可埋着100万枚地雷,是世界上最危险的地区之一。

戴安娜的冒险是值得的。她徒步行走在雷区,并与截肢孩童合影的系列照片，引起了轰动。在她的推动下，原本无人知晓的"国际反地雷组织"获得超过60个国家、上千个团体的加入。而在她访问波斯尼亚后的第3个月，123个国家在加拿大签署了《渥太华禁雷公约》。可惜，这些戴安娜不可能知道了。

1997年8月31日，也就是戴安娜从波斯尼亚回来的3周后，她与富商男友多迪·费伊德在巴黎约会，但这次约会却被狗仔队发现了。为了甩掉跟踪者，戴安娜和男友中途换了车，希望掩人耳目，可结果还是在一处隧道被狗仔队赶上了。慌乱之中，车子猛烈地撞上了隧道的石柱，司机与男友当场死亡，戴安娜也在被送到医院后不治而亡，年仅36岁。

这个意外的消息震惊了全世界。

9月6日上午，戴安娜的葬礼在英国伦敦的威斯敏斯特大教堂举行，全世界十几亿人在电视机前观看葬礼。当灵车驶向大教堂时，百万群众肃立沿途，向"人民的王妃"告别。时任联合国秘书长安南发表声明说："戴安娜的去世，让世界的贫困者和老弱病残者，失去了一个重要的人道主义的声音。"

戴安娜短暂的一生中，曾参与超过150个公益项目，和100多家慈善机构一起工作过。葬礼当天，曾经和她并肩的慈善家都问："我们能不能走在她的棺椁后面，我们只想最后再送她一程。"

戴安娜虽然出身贵族，以王妃之名为世人所知，但王室婚姻带给她的，却只有不幸。她一生中的大半时间，似乎都在和王室禁锢做斗争，哪怕离婚后卸下了王妃头衔，还是不能彻底摆脱往事的阴影。但值得庆幸的是，这段婚姻带给了她两个可爱的王子，也给了她很多为世界做慈善、为民谋福利的机会。

人们记得戴安娜，不仅仅在于她曾是尊贵的王妃，更是因为她真切地做过很多有价值、有意义的实事。她的人格魅力，早已不是一顶王室桂冠所能诠释的。不管时间过去多久，戴安娜永远都是"人民的王妃"。

智慧篇

张幼仪
离开徐志摩，她成为上海滩一代银行家

张幼仪最为人所熟知的身份，是著名诗人徐志摩的第一任妻子。但你可知道，她也是中国最早的商界女强人之一，是上海滩响当当的银行家和教育家？

张幼仪原本是一位守旧的女子，却在怀孕时被丈夫抛弃。面对这种境遇，她没有成为怨妇，而是努力地考上了德国的大学，并在回国后成为东吴大学的德语教师。后来，她转战商界，一路势如破竹，成为一代银行家和实业家。事业成功后，张幼仪还不计前嫌，善待前夫徐志摩和他的家人，一时传为佳话。

如此付出，正是因为她善良而有分寸，深知度人度己的道理。

1900年，张幼仪出生于江苏宝山，家人皆身份显赫——祖父是清朝知县，父亲是上海宝山县的巨富，二哥张君劢是很有影响力的政治家和哲学家，四哥张嘉璈曾任中国银行总裁。在这种家庭长大的张幼仪是名副其实的"千金小姐"。

3岁时,母亲按照旧俗为她裹小脚,可厚厚的白棉布将她的脚缠得生疼。张幼仪哭了3天,终于等到二哥张君劢赶回家,阻止了这荒唐的旧俗。张幼仪成了张家第一个天足女子。

1912年,12岁的张幼仪就读于江苏省立第二女子师范学校,接受先进教育。但3年后,初中尚未毕业的她,突然被接回家待嫁。起因是,她的四哥张嘉璈,发现杭州一中有一位名叫徐志摩的才子,出身于江南富庶的徐家,跟他们张家门当户对。张嘉璈了解了情况后,主动向徐家替妹妹张幼仪求亲。徐志摩的父亲徐申如,也爽快地定下了二人的婚约。于是,张幼仪不得不辍学,嫁到了徐家。

出嫁前,张幼仪的母亲告诫她,在婆家只能说"是",不能说"不"。年龄尚小的张幼仪,只知道牢记母亲的叮嘱。她相信,只要自己谨遵妇德,温顺听话,丈夫就会对她好。

徐家对能与宝山首富张家联姻是非常满意的,可唯一对这桩婚事不满意的人,正是新郎官本人——18岁的徐志摩。徐志摩从小到大接触的都是现代摩登女郎,对于相貌敦厚、从不打扮、连初中都没毕业的张幼仪,怎么可能瞧得上眼呢?在第一次见到张幼仪的照片时,他就嫌弃地说:"乡下土包子!"但他的意见并不能改变结婚的定局。

1915年12月5日,徐家为徐志摩和张幼仪举行了盛大的旧式婚礼,张家也特地派人去欧洲采办了丰厚的嫁妆,希望徐家能善待张幼仪。可是,徐志摩并没有因此改变自己的态度,仍直接给张幼仪甩脸色。

新婚的两人在一起的日子很少,张幼仪不知该如何面对丈夫,只能足不出户，长时间跟着婆婆坐在院子里缝缝补补。为了能和徐志摩有更多共同语言，她还跟着家庭教师上了1年课。

1918年，张幼仪生下了长子徐积锴，她以为丈夫会因此对自己好一点儿。但徐志摩却觉得自己已经完成了"留后"的责任，迫不及待地出国留学了。

之后的2年，徐志摩先后进入美国克拉克大学和哥伦比亚大学深造；1921年，他又前往英国，以特别生的身份在剑桥大学研究政治经济学。

拥有了这般光鲜的学习履历，徐志摩和张幼仪之间的距离愈发遥远了。但在徐志摩的父母看来，夫妻俩长期分居是不行的，于是，1921年，他的父母没有经过他的同意，就直接送张幼仪去了欧洲，让他们夫妻团聚。

远洋轮船开了3个星期，终于抵达法国马赛。张幼仪穿着精心挑选的衣服，斜倚船舷，等轮船靠岸。可当她看到人群里的徐志摩时，那颗激动的心瞬间凉了一大截。她后来说道："我一眼就看到志摩了。他穿着一件瘦长的黑色毛大衣，脖子上围了条白色丝质围巾。他的态度我一眼就看得出来，不会搞错，因为他是那堆接船人当中唯一露出不想在那儿的表情的人。"

徐志摩："你这身衣服真丑。走吧，我带你到百货公司换掉全身的行头。"

张幼仪："我……我……我不需要，不想麻烦你。"

徐志摩："你以为我想麻烦吗？瞧你这寒碜样，和你走在一起真丢脸。你一会儿换了新衣服，我们再去照相馆拍一张合影。"

张幼仪："没必要吧。"

徐志摩:"我才不想跟你合照呢!我只是为了给我父母寄去,拍完照,我作为丈夫的任务就完成了。"

张幼仪心里很难过,却没有办法,只能依从。

在从巴黎飞往伦敦的飞机上,张幼仪晕机呕吐不止,徐志摩捂着鼻子说:"乡下土包子!"结果,话说完没多久,他自己也吐得一塌糊涂。张幼仪想笑,却不敢嘲笑丈夫。

随后,张幼仪跟着丈夫在英国安顿下来,后者还是处处表现出对她的嫌恶。可嫌恶归嫌恶,张幼仪还是怀上了二胎。徐志摩忙着学业,张幼仪大着肚子,每天眼巴巴地等着他回家。

有一天,徐志摩突然提出要她打胎,还想离婚。原来,徐志摩迷恋上了才女林徽因。张幼仪很吃惊,因为在当时,夫妻离婚少之又少,何况,她还怀着孩子。对于她这种没读过多少书的传统女性来说,"被休弃"无异于灭顶之灾。

张幼仪颤抖着对徐志摩说:"我听说有人因为打胎死掉。"

徐志摩却不耐烦地回答:"还有人因为火车事故死掉呢!难道人家就不坐火车了吗?"

听到丈夫说出如此没有人性的话,张幼仪非常伤心。而徐志摩见她不肯离婚,索性躲起来,不再管她。

流落在异邦的张幼仪,孤苦无依地等了6个月,却始终没有等到徐志摩露脸。眼见肚子一天天大了,她甚至想一死了之。走投无路之下,她只好向身在巴黎的二哥张君劢写信求救。

张君劢很快回信,先骂徐志摩"张家失徐志摩之痛,如丧考妣",随后又告诉妹妹"万勿打胎,兄愿收养。抛却诸事,前来巴黎"。

于是，张幼仪挺着大肚子，只身一人去投奔二哥。

1922年2月24日，张幼仪在德国柏林生下了一个男孩，取名德生。而在出院1周后，她就收到了徐志摩的信，信中正式提出了离婚：

无爱之婚姻无可忍，自由之偿还自由，真生命必自奋斗自求得来，真幸福也必自奋斗自求得来，真恋爱也必自奋斗自求得来！彼此前途无限……彼此有改良社会之心，彼此有造福人类之心，其先自作榜样，勇决智断。彼此尊重人格，自由离婚，止绝痛苦，始兆幸福，皆在此矣。

徐志摩为了追到林徽因，铁了心要离婚。他来到柏林，与张幼仪在一个朋友家里见面。

张幼仪："孩子刚出生2个星期，你要离婚，我没意见，但一定要等父母批准才办。"

徐志摩："不行，我没时间等，你一定要现在签字！"

张幼仪："好！离就离吧。我要追寻自己承继的特质，做个拥有自我的女人。我想让你看看你弃我而去以后，我可以活得很好！"

徐志摩："哈哈，太好了！太好了！我们一定要这么做！中国一定要摆脱旧习气，我们一定要做给别人看，非开离婚先例不可。你可以继续做徐家的儿媳，不做徐志摩的太太。"

在朋友吴经熊和金岳霖的做证下，两人签署了离婚协议，这成了中国历史上依据《民法》办理的第一桩西式文明离婚案。不过，他们的离婚在徐志摩老家掀起了轩然大波，父亲徐申如暴跳如雷，声称宁可不要儿子,也不能不要儿媳妇。

徐志摩的冷血和无情践踏着张幼仪的自尊心。她为徐志摩生了两个儿子,但是却被粗暴对待。可事情发展到这一步,她究竟是怎么看待徐志摩的呢?多年以后,张幼仪在《小脚与西服》一书中说道:

> 你晓得,我没办法回答这个问题。我对这个问题很迷惑,因为每个人总告诉我,我为徐志摩做了这么多事,我一定是爱他的。可是,我没办法说什么叫爱,我这辈子从没跟什么人说过"我爱你"。如果照顾徐志摩和他家人叫作爱的话,那我大概是爱他的吧。在他一生当中遇到的几个人里面,说不定我最爱他。

张幼仪决定振作起来。她雇了保姆照顾孩子,自己从零开始学习德文,后来又考入裴斯塔洛齐学院专攻幼儿教育。试想,一个初中都没有毕业、刚生完孩子的女人,要在短时间内通过自学考入德国高等院校,有多么难。可就是在一边工作一边学习的过程中,张幼仪第一次找到了自信。

在晚年,她把自己的一生分为"去德国前"和"去德国后"——去德国以前,凡事都怕;到德国后,无所畏惧。张幼仪的变化很明显。

可惜,这种坚强自信却无法改变一些不幸。1925年,张幼仪3岁的小儿子突发腹膜炎,在德国夭折了。深受打击的张幼仪,被弟弟张禹九接回了国。那段时间,她去了北京念书,直到母亲去世后才又返回上海。

1927年,说着一口流利德语的张幼仪,来到东吴大学教德语。此时,四哥张嘉璈已经成为中国银行副总裁,主持上海地区各银行事务。不管是学历还是能力,张幼仪早已今非昔比。不久后,她就在张嘉璈的支持下,出任上海女子商业银行副总裁。

虽然进入了一个新的行业,但张幼仪的能力却有目共睹,她手下的一位银行职员曾回忆道:

> 我们副总裁腰背笔挺,略显高大,神情端庄大方,有大家风范。她就在我们营业厅办公,准时上下班,除接电话外,很少说话,总是专心看文件。我经常要将报表和装订好的传票本请她盖章,有时听到她打电话时用的都是德语。

可见,张幼仪已经是颇有风范的商界人士了。

1927年,张幼仪的八弟张禹九与徐志摩、江小鹣等人,在上海静安寺路开了一家云裳服装公司,由张幼仪出任该公司总经理。

云裳是中国第一家专业女子时装公司,它的成立是一次非常大的创新。那时,只要国外出了新的时装款式,不出10天,张幼仪的云裳公司就会把这些新款式女装展示出来。短短半年时间,云裳便获得了成功,还带动了上海滩服装业的发展与兴旺,上海也成了20世纪30年代远东地区、甚至整个亚洲的时装之都。

放在此时,也不知徐志摩还敢不敢嘲笑张幼仪是"土包子"。

值得一提的是,张幼仪还请了模特——这是民国服装史上第一次使用模特。而云裳最有名的两位模特,一位是上海名媛唐瑛,另一位就是北平名媛、徐志摩之妻陆小曼。

张幼仪被徐志摩如此无情无义地对待,为什么还要跟他的妻子陆小曼合作呢?原因比较复杂。张家和徐家并没有因为张幼仪和徐志摩的离婚而断绝来往。1926年,张幼仪回国后,徐家二老反倒认她为干女儿。徐申如更是把自家在上海海格路125号的宅院送给了张幼仪,并分给她一份家产,确保她在上海能够衣食无忧。

后来,徐申如看到张幼仪的经商才干,几乎把徐家产业全部交给她打理,连给儿子徐志摩的钱,也是通过张幼仪之手。如此种种,足见徐家二老对张幼仪的信任。另外,这个云裳公司,本来就是张幼仪的弟弟和徐志摩一起开的。张家与徐家可谓是"你中有我,我中有你",无法分割。

再说了,陆小曼并未插足张幼仪的婚姻。宅心仁厚的张幼仪连林徽因都不记恨,就更不会去恨陆小曼了。徐志摩也意识到,张幼仪绝不像当年那般懵懂无知了。他在给陆小曼的一封信中提道:

> 张幼仪是个有志气有胆量的女子……她现在真的"什么都不怕"。

有一回,张幼仪受胡适的邀请参加一场晚宴,出席的人中就有徐志摩和陆小曼。回忆起这场晚宴,张幼仪说:

> 我看到陆小曼的确长得很美——光润的皮肤,精致的容貌。她讲话的时候,所有男人都被她迷住了。饭局上,她亲昵地喊徐志摩"摩"和"摩摩",他也亲昵地叫她"曼"和"眉"。

张幼仪显然受到了很大的触动，或许并不是嫉妒，而是明白，爱与不爱的差距是那么大。

1931年11月19日，徐志摩搭乘飞机去北京，因飞机坠毁而不幸罹难。陆小曼悲痛万分，无法接受这个事实，也无力应付后事，最后是张幼仪委托哥哥和儿子接回了徐志摩的遗体，自己则全权处理葬礼的各项事宜。

葬礼后，张幼仪为了照顾陆小曼，每个月都会往她的银行户头里打300块钱。直到几年后，陆小曼的同居男友翁先生说自己可以供养她了，张幼仪才不再寄钱。

1949年，张幼仪移居香港，遇到了医生苏纪之。长期互相照顾的两人，萌生了结婚的念头，但张幼仪还是有些顾虑，写信到美国征求儿子的意见，问自己可不可以再婚。

徐积锴马上回了一封信：

母孀居守节，逾三十年，生我抚我，鞠我育我……综母生平，殊少欢愉，母职已尽，母心宜慰，谁慰母氏？谁伴母氏？母亲如果找到合适的人结婚，我就用对待父亲的方式尊敬他。

1954年，张幼仪与苏纪之结婚。两人一起生活了18年，直到苏纪之去世，张幼仪才搬往美国与儿子团聚。88岁那年，张幼仪安然去世。

多年后，张幼仪的侄女张邦梅，将张幼仪一生的故事写成了一本《小脚与西服》。书中的"小脚"，说的正是去往德国前的张幼仪。出身巨富之家的她虽然没有裹小脚，却在思想上裹了小脚。她的前半生，时刻都在以封建道德来约束自己，直到被丈夫抛弃后，她才破茧成蝶，不断学习，迅速强大。

　　对于徐志摩的无情，生性善良包容的张幼仪并不怨怼。她没有计较个人恩怨，更多的是从大局出发，为实际考量。正因如此，她才能在家人的帮助下，激发自身的能量，实现自我的价值，从一个传统的怯懦女性，变成上海滩的一代银行家和实业家。

杨绛
最才的女,最贤的妻

2016年5月25日,105岁的杨绛先生去世了。生前,她是中国著名作家、戏剧家、翻译家;同时,也是著名学者钱锺书的妻子。

面对时政格局的沧桑变化,这位百岁老人始终平淡如常,默默地坚持学习和写作。不管是写话剧、做翻译、写散文或者回忆录,杨绛先生每次出笔,都会成就一本顶级畅销书。甚至在103岁的时候,她仍笔耕不辍。这种创造力与生命力,令人赞叹。

杨绛生于1911年,原名杨季康。她的父亲杨荫杭曾被公派去日本和美国留学,并在回国后担任江苏省高等审判庭庭长、京师高等检察厅厅长等职位。她的母亲唐须嫈,则是标准的大家闺秀。父母育有8个子女,排行老四的杨绛从小就得到父母的偏爱。

1920年,杨绛一家迁居上海。当时,两个姐姐去了很有名的上海启明女校读书。父亲担心杨绛年龄小,不忍心让她也去寄宿,但还是问她要不要去。9岁的杨绛坚定地回答:"我要去。"

又过了3年，他们一家搬迁到苏州，杨绛入读当地的振华女中。5年后，她顺利学完了原本6年的中学课程，提前毕业。她一心想考清华大学，可惜，那年清华没有在上海招生，她只能接受保送，入读苏州的东吴大学。

著名记者吴学昭曾在《听杨绛谈往事》里说：杨绛在东吴大学的成绩，是全校三个"纯一等"中的一个。她还会演戏、吹箫、唱昆曲、弹月琴，等等，很有才华。

不过，杨绛并没有从东吴大学顺利毕业，意外的学潮运动让学校局势变得很紧张，杨绛的母亲有先见之明，早早便把女儿接走了。

1932年，杨绛进入梦寐以求的清华大学借读。在那里，她一如既往地引人瞩目，很多男生都写信追求她，其中就有她未来的丈夫钱锺书。

钱锺书在清华可是赫赫有名，自入校以来，就以才华和狂傲著称。当时清华著名教授学者云集，他竟然说"没有一个教授有资格充当钱某人的导师"。只不过，大家知道他有才，都没有计较他的狂放。

1932年3月，钱锺书和杨绛在清华的古月堂门口第一次见面。钱锺书穿着青布大褂，毛布底鞋，戴一副老式大眼镜，杨绛觉得他眉宇间"蔚然而深秀"，瘦瘦的，书生模样。

其实，这次初见，杨绛也给钱锺书留下了深刻的印象。他立马写信给杨绛，约她在清华的工字厅碰面，想和她谈谈。

钱锺书开门见山地说："上次我表弟孙令衔跟你说，我已与叶恭绰的女儿叶崇范订婚,这话不实,我没有订婚。我也要问你,我表弟跟我说,你是费孝通的女朋友,是真的吗?"

杨绛答:"不是。我不是费孝通的女朋友。"

钱锺书又问:"那……那……很多人在传,说你是'清华七十二煞',同时有七十二个人追求你,是真的吗?"

杨绛笑了:"当然不是真的。"

这次谈话过后,他们两人便互相介绍着读书,有时还会用英文通信。有趣的是,钱锺书通信极勤,一天一封,还把落款写成"奏章",说是"禀明圣上"。有一次,杨绛寄给钱锺书一封书信,偌大的一张纸就写了一个字:怂。钱锺书心领神会,回了一封信,偌大的一张纸也只有一个字:您。

杨绛看完,十分欢喜。她写"怂",是想问问钱锺书"您的心上有两个人吗",而钱锺书的回信,意思则是"我的心上只有你"。

以前,钱锺书总嫌弃天下人都没他聪明,如今却天天要找杨绛一起看书、做功课。他还给杨绛写了一首七言绝句,夸她长得美:

缬眼容光忆见初,蔷薇新瓣浸醍醐;
不知靧洗儿时面,曾取红花和雪无?

有一天,杨绛给钱锺书寄了一封信,不巧被钱锺书的父亲钱基博看到了。钱基博可是上海圣约翰大学和清华大学的国文教授,文学功底颇为厉害。他看完信后,对杨绛大加赞赏。原来,杨绛信中写的是:

现在吾两人快乐无用,须两家父亲兄弟皆大欢喜,吾两人之快乐乃彻始终不受障碍。

钱基博夸赞道:"真是聪明人语。"

1935年春,钱锺书获得了牛津大学的公费留学资格,可那时杨绛还没有毕业。考虑到钱锺书被娇养惯了,生活琐事一概不关心,处处得有人照顾,杨绛便下定决心跟他结婚,陪伴他,自费去英国读书。

在牛津的那段时间,是杨绛最用功读书的时光,也是她生平最轻松快乐的日子。

她给自己定了一个研读英国文学的课程表,从作家乔叟开始,按照文学史的时间顺序,一个作家一个作家地往下细读。杨绛白天读外文书,晚上读中文书,钱锺书也不甘示弱,夫妻两人还经常比赛谁读的书多,年终结算,颇有李清照与赵明诚新婚时的风范。

有一回,钱锺书从同学那里学会了冲英国茶,迫不及待地想让妻子尝尝自己冲茶的手艺。光有茶还不够,他一大早起床烤了面包,热了牛奶,煮了鸡蛋,另外还准备了黄油、果酱和蜂蜜,用带脚的托盘直端到杨绛床头,请她享用早餐。杨绛又惊又喜。从此以后,两人的早餐便由钱锺书负责,而这个家庭传统,一直持续了几十年。

在他们家,原本一直是杨绛照顾钱锺书的,但在妻子怀孕后,钱锺书也开始学做家务。只不过,笨手笨脚的他常常"犯错"。

在杨绛生孩子住院的那段时间,钱锺书常常苦着脸说:"我做坏事了。"他打翻了墨水瓶,把房东家的桌布染了。杨绛说:"不要紧,我会洗。"转眼他又把台灯砸了。杨绛说:"不要紧,我会修。"

每每如此，杨绛的话都会让丈夫放宽心。

这让钱锺书觉得妻子无所不能，以至于他对杨绛说："我不要儿子，我要女儿——只要一个，像你的。"

英国一位传记作家在概括最理想的婚姻时，是这么说的：

> 我见到她之前，从未想到要结婚；我娶了她几十年，从未后悔娶她，也未想过要娶别的女人。

杨绛把这句话念给丈夫听，钱锺书当即表示："我和他一样！"杨绛答："我也一样。"

1937年，钱锺书跟随杨绛离开牛津小镇，前往法国。他们带着刚出生的女儿钱瑗，来到巴黎大学从事学术研究，扎扎实实地读了不少书。

他们夫妇二人在1938年回国。当时，因日寇侵华，苏州、无锡都已沦陷，钱家和杨家都只能避居上海孤岛。在此期间，杨绛做过很多工作：大学教授、中学校长兼高中三年级的英语教师、阔小姐的补习家教，等等。

杨绛的能干让公公婆婆都很欣慰。公公曾问婆婆，百年身后愿跟谁同住？婆婆想也不想便回答："季康。"由此可见，他们是真心喜欢这个儿媳妇。

不过，无论做什么工作，杨绛觉得自己最重要的职责，是当好钱锺书的妻子。杨绛说过：

> 这是一项非常艰巨的工作，常使我感到人生实苦。但苦虽

苦,也很有意思。钱锺书承认他婚姻美满,可见我的终身大事业很成功。虽然耗去了我不少心力体力,不算冤枉,钱锺书的天性没受压迫,没受损伤,我保全了他的天真、淘气和痴气。这是不容易的。实话实说,我不仅对钱锺书个人,我对全世界所有喜读他作品的人,功莫大焉!

在那段艰苦岁月里,杨绛在照顾家庭的同时,也没有停止过学习与创作。

1942年冬,她完成了自己的第一部剧作《称心如意》。这是一部四幕喜剧,次年就被搬上了舞台,演出反响极大,场场爆满,一票难求。直到2004年,这部话剧还在排演。

《称心如意》的成功让杨绛拿到了一笔丰厚的报酬,家里的生计问题就此解决。接下来,她又写了《弄真成假》《风絮》和《游戏人间》,也颇受欢迎。著名剧作家夏衍看了杨绛的几出剧之后,赞不绝口道:

你们都捧钱锺书,我却要捧杨绛!

妻子创作上的成功,也给钱锺书带来了很大的触动。他在看完《弄真成假》后对杨绛说:"我想写一部长篇小说!"于是,他真的花了2年时间,写出了著名的《围城》。钱锺书诚挚地说:

这两年我的夫人为我付出了许多,让我专心写作,帮我拦了外界很多干扰。这本书应该属于她。她在我眼里是最贤的妻,最才的女。她绝无仅有的结合了各不相容的三者：妻子、情人、朋友。

中华人民共和国成立后，钱锺书先后在清华与北大工作，杨绛也在北大文学研究院和中国社科院做研究员。在这期间，她对西班牙名著《堂吉诃德》产生了浓厚的兴趣。为了翻译好《堂吉诃德》，杨绛找了5种英文、法文译本细细对比，觉得这些译本各有欠缺，均不足以代表原作。于是，精通英文和法文的杨绛，决定在48岁这一年，从零基础开始自学西班牙语，废寝忘食，从不间断。

1965年1月，《堂吉诃德》第一部翻译完毕。可是，由于后来的政治动荡，第一版的译稿不幸丢失，直到1978年，杨绛翻译的《堂吉诃德》全本才得以出版。这本首部从西班牙原文翻译过来的《堂吉诃德》，至今都被认为是国内最优秀的译作之一，到2014年已累计发行70多万册。

在《译者序》里，杨绛饱含深情地介绍了堂吉诃德这个人物。从中可以看出，她为何会对这本书投入如此深的感情：

> 堂吉诃德有不可动摇的信仰，他坚决相信超越了他自身的存在，还有永恒的、普遍的、不变的东西；这些东西须一片至诚地努力争取，方才能够获得。堂吉诃德为了他信仰的真理，不辞艰苦、不惜牺牲性命。在他，人生只是手段，不是目的。他所以珍重自己的性命，无非为了实现自己的理想。
>
> 他活着是为别人、为自己的弟兄、为了锄除邪恶、为了反抗魔术家和巨人等压迫人类的势力。只为他坚信一个主义，一

片热情地愿意为这个主义尽忠，人家就把他当作疯子，觉得他可笑。十九世纪读者心目中那个可笑可悲的堂吉诃德，是他的又一种面貌。

比起堂吉诃德的热情和反抗，杨绛个人的处世哲学，却颇有几分"无为"的精神。1969年，同属中国社会科学院的杨绛、钱锺书和其他知识分子一样，先后被下放到外省的干校。2年多后，他们又被"遣送"回京。个中的艰辛与故事，杨绛都在多年后写进了散文集《干校六记》里。

这本书虽然只有薄薄的一册，却体现出杨绛的批判反思精神，怨而不怒，哀而不伤，是一个知识分子对待苦难和命运不公的宽容与悲悯。这本书自1981年出版以来，长销不衰，口碑销量俱佳，名列"新时期全国优秀散文奖"榜首。

杨绛很喜欢英国诗人兰德的一句诗："我和谁都不争，和谁争我都不屑。"这是她的处世哲学。钱锺书的名言则是："如果我们无法拥有言论的自由，我们至少还拥有沉默的自由。"在历次的政治斗争中，他们总算没有受到大的冲击。

1977年，十年动荡终于结束了。杨绛一家迁居北京西城区的三里河寓所，总算可以安顿下来了。那年，钱锺书67岁，杨绛66岁。

虽然有过很多风雨，但幸运的是，风雨过后，他们一家人还是生活在一起，平淡而有趣。

1994年，钱锺书因为身体状况不佳，成了医院的"常驻人员"。1997年，女儿钱瑗身患肺癌，已经病危。那几年，80多岁的杨绛经常在两家医院和他们家之间来回奔波。三个人身在三处，实在是心酸。

1997年，女儿钱瑗去世，1998年，丈夫钱锺书逝世。两位至亲的人先后走了，耄耋高龄的杨绛细细回顾了他们这个家63年来的点点滴滴，写下了散文集《我们仨》：

>   她鲜花般的笑容还在我眼前，她温软亲热的一声声"娘"还在我耳边，但是，就在光天化日之下，一晃眼她没有了。就在这一瞬间，我也完全省悟了。
>
>   我防止跌倒，一手扶住旁边的柳树，四下里观看，一面低声说："圆圆，阿圆，你走好，带着爸爸妈妈的祝福回去。"我心上盖满了一只一只饱含热泪的眼睛，这时一齐流下泪来。
>
>   我当初还想三个人同回三里河。自从失去阿圆，我内脏受伤，四肢也乏力，每天一脚一脚在驿道上走，总能走到船上，与锺书相会。他已骨瘦如柴，我也老态龙钟。他没有力量说话，还强睁着眼睛招待我。我忽然想到第一次船上相会时，他问我还做梦不做。我这时明白了。我曾做过一个小梦，怪他一声不响地忽然走了。他现在故意慢慢儿走，让我一程一程送，尽量多聚聚，把一个小梦拉成一个万里长梦。
>
>   我只记得前一晚下船时，锺书强睁着眼睛招待我；我说："你倦了，闭上眼，睡吧。"
>
>   他说："绛，好好里（即'好生过'）。"
>   我有没有说"明天见"呢？

《我们仨》描述了杨绛一家单纯温馨的故事，平静，却令人落泪。这本书旋即成为现象级畅销书，多年来一直位居各大排行榜前列。不甚看重名利的杨绛，把这本书所有的收益都捐了出去。

从 2003 年开始，杨绛又陆续出版了新的作品：93 岁，她完成了多达 250 万字的《杨绛文集》；96 岁，她推出了新书《走到人生边上》；102 岁，她亲自校订了妹妹杨必翻译的《名利场》；103 岁，她又出版全新长篇小说《洗澡之后》。如此年龄还能有这样的创造力，杨绛实在是一位令人敬佩的女子。

2016 年 5 月 25 日凌晨，杨绛在北京协和医院走完了她的一生。生前，她把自己和丈夫所藏存的珍贵文物字画全部无偿捐赠给了中国国家博物馆。他们夫妻二人的书籍、手稿以及其他财产，也捐赠给了国家有关单位。不仅如此，从 2001 年起，杨绛就把个人稿费捐给清华大学，设立了"好读书"奖学金。到 2014 年，她已累计捐款 1000 多万元，更不论其藏书和家产了。

杨绛是一位杰出的作家、翻译家、剧作家和学者。她无论做什么，都会迅速成为那个领域的顶尖人士。难能可贵的是，无论是战争时代还是政治动荡时期，杨绛都能从容度过，不与人争，但也始终持有主见，不轻易屈服。

我很喜欢这句对杨绛的评价，说得很是准确：

> 杨绛，坚忍于知识分子的良知与操守，坚贞于伟大女性的关怀与慈爱，固守于中国传统文化的淡泊与坚韧。

她这般的人物，真真正正地展现出了一位伟大女性所拥有的人生智慧。

波伏瓦
比萨特影响力更大的作家

如果问谁是最有名的女权主义者,我相信,很多人应该都会想到西蒙娜·德·波伏瓦。

波伏瓦是法国存在主义作家,女权运动的创始人之一。20世纪50年代,她出版了《第二性》,深刻探讨了历史发展进程中女性的处境,以及女性独立可能存在的出路,在思想界引起"大地震",影响至今。其后,她更是凭借小说《名士风流》,获得法国久负盛名的龚古尔文学奖。

法国前总统密特朗曾评价称:

波伏瓦是划时代的前锋。她的一生、她的作品和她的斗争,导致法国乃至整个世界女性和男性的醒觉。

美国社会运动家凯特·米列特更是声称:

> 波伏瓦为全世界的妇女打开了一扇门。她的《第二性》改变了全世界亿万人的命运。

提到波伏瓦,有一个男人是永远绕不开的,那就是法国哲学家让-保罗·萨特。波伏瓦和萨特是一对特立独行的情侣,他们几乎用了一生来实践自己的政治观念。作为女性,作为知识分子,我亦深深受益于波伏瓦和她的理论。

1908年1月9日,波伏瓦出生在巴黎一个典型的精英中产之家——她的外祖父曾是凡尔登的银行家,祖父出自巴黎的官宦之家,父亲则是一名辩护律师。可惜的是,第一次世界大战的爆发,导致他们家道中落,生活陷入困顿。但是,这并不妨碍"天才少女"波伏瓦展现出她的天分。

7岁,她开始写小说;8岁,她开始阅读英文小说,并且几乎把家里所有的书都给读完了。即便是在第一次世界大战期间,波伏瓦也没有缺过一天课。15岁时,她就暗下决心,要成为一位有名望的作家。

1925年,波伏瓦迎来了大学生活。她最想入读的学校,是当时法国的第一高等学府——巴黎高等师范学校。但这所学校很特别,因为它既没有国家学历证书的授予权,也没有颁发毕业证书的资格。一直以来,巴黎高等师范学校都是与其他大学合作办学:学生先在合作大学注册学籍,并完成头2年的课程,然后才能进入巴黎高等师范学校,完成后续的学业。

如此,波伏瓦不得不先入读索邦大学。同时,她又辗转多个学校,仅在2年时间里,就拿到了别人4年才能拿到的文学、数学、拉丁语和哲学这4个专业的资格证书。不仅如此,她还着手撰写了一本有关德国哲学家莱布尼茨的毕业论文。而在顺利进入巴黎高等师范学校后,年仅19岁的波伏瓦,还发表了个人独立宣言:

  我绝不让我的生命屈从于他人的意志。

  1929年,波伏瓦参加了国家哲学教师的资格考试。这次考试,波伏瓦是第二名,而第一名,正是萨特。
  这一年,萨特24岁,波伏瓦21岁。两人在朋友的聚会中见了面,并迅速被对方的才华所吸引。他们几乎每天早晨都会在公园或者小咖啡馆见面,后来这个习惯保持了整整51年。
  此后,他们两人都回忆过第一次见面时对彼此的印象。萨特说:

  我认为她很美,我一直认为她美貌迷人。波伏瓦身上不可思议的是,她既有男人的智力,又有女人的敏感。我对她说,你要保持最珍贵的自我,保持你对自由的热爱,你对生活的省悟,你的好奇心,还有你想要成为作家的决心。

  而波伏瓦也在日记里写下:

  我的男友拉马只要爱抚女人的脖子就能让她神魂颠倒,但萨特赢得一个女人的方式,是把自己的心展示给她看。他能理解我,能看透我,我被他迷住了。我和萨特的关系,是我一生中不容置疑的巨大成就。

由此，波伏瓦爱上了萨特，但依然有点儿举棋不定。因为，她当时正与萨特最好的朋友拉马交往。她对他们都是爱，不同的爱。

1929年10月1日，萨特和波伏瓦在杜乐丽花园里散步，他们坐在石凳上，身后还有一只猫在喵喵叫。在这里，萨特向波伏瓦提出了一个与众不同的约定：

> 我们之间是本质的爱，但是我们同时也可以体验偶然的爱。我们来签一份两年的合约吧！我们之间不需要忠诚，但将永远不欺骗对方，不隐瞒对方任何事情。我们要分享人生中的一切，事业、生活，以及情感经历。我们做两年的情侣，之后再决定是否续约，分手，或以某种方式继续我们的关系。我希望，我们将持续保持彼此的感情，同时保证双方在感情和性方面享有充分的自由。

波伏瓦同意了。她觉得，萨特给她的是一种绝对的、永不止息的安全感。后来，她在日记里写道：

> 我的心灵、我的身体，但最重要的是，我的思想，收获了一个无可比拟的朋友。身体和心灵的伙伴，别人也可以做，但思想的朋友只有他，不可替代。我要把每一个情人都当作唯一去爱。我会享受每一个情人能给予我的全部，我也会给予他我能给予的全部。这样的话，还有谁能谴责我呢？

可没过多久,萨特就要到离巴黎不远的小城镇勒阿弗尔教书,而波伏瓦则被分配到了800公里之外的马赛。波伏瓦很焦虑,担心这段感情告吹。为了让她安心,萨特提议说可以结婚,这样,国家就必须给他们分配两个位置相近的职位。

波伏瓦拒绝了,认为这有违他们约定的原则,而且她认为,如果他们的感情足够坚固,就应该经受得起考验。最终,波伏瓦独自踏上了去马赛教书的路。她和萨特虽然不在一个城市,但也能经常见面,一起旅行,这段经历让他们之间建立起了更深的信任。

1934年,波伏瓦遇到了女学生奥尔加·科萨基维奇,一位俄国贵族后裔。波伏瓦爱上了奥尔加,在给她的信里写道:

> 现在世界上只有两个人对我来说很重要,而你是其中一个。

糟糕的是,萨特也迷恋上了奥尔加,这段"三角关系"让波伏瓦很痛苦。

萨特对奥尔加的痴迷激发了波伏瓦的嫉妒心,让她怀疑自己的幸福是不是建立在一个巨大的谎言之上。可当奥尔加回忆起这段关系时,却是这样说的:"波伏瓦和萨特对我的关注,让我兴奋不已,我觉得非常荣幸,因此被冲昏了头脑,他想要我怎么样,我就怎么样。"

这段"三角关系"一度变得难以厘清,但这时,一个名叫博斯特的年轻人的出现,又加剧了局面的复杂性。博斯特是萨特的学生,他爱上了波伏瓦,就连写出的情书也是柔情万种:

> 我无比地爱你。我想要你知道并强烈地感受到这一点。我希望我的爱能带给你快乐。我很喜欢给你写信，因为给你写信的时候，我能够想象出你的脸庞，也可以想象到，这时的我笑得像个傻子一样。

戏剧性的是，博斯特最后娶了奥尔加。不过，博斯特仍然和波伏瓦、萨特都保持了终身的友谊。

恋爱的同时，波伏瓦并没有停下研究和创作的脚步。其实在20世纪30年代，除了自己的写作以外，波伏瓦也在帮萨特修改小说《恶心》。正因如此，萨特才会在这本书的扉页写上"献给海狸"，而"海狸"，正是萨特对波伏瓦的爱称。这本书出版后，萨特成了法国乃至整个欧洲文坛一颗冉冉升起的新星。

可还没等萨特继续下一步动作，第二次世界大战爆发了。1939年，英法两国向德国宣战，萨特也收拾行囊上了前线。第二年，萨特就被德军俘获并送往战俘营，10个月后才得以脱困。而身在巴黎的波伏瓦，也不得不在纳粹的《维希誓言》上签名，声明自己不是犹太人。这件事令她羞愧，却别无选择。

那段时间，是波伏瓦的人生低谷。国家遭受侵略之际，又恰逢父亲去世，默默无闻的她，只能埋头继续创作小说，等待合适的出版时机。

波伏瓦没有等待太久。1943年，小说《女宾》的出版使得她名声大噪。与此同时，回归后的萨特也开始发力——《存在与虚无》受到评论家和读者的欢迎，成为他的代表作之一。

2年后，也即被称为"存在主义之年"的1945年，波伏瓦出版了引起法国文坛大轰动的小说《他人的血》，并创下2年重印32次的纪录，吸引全国所有报纸争相报道。萨特也推出了他著名的戏剧作品《禁闭》，让人们深刻地意识到，"他人即地狱"的存在主义观念。

也是在这一年，波伏瓦和萨特等人合办的期刊《摩登时代》顺利面世。这本杂志对法国内外的大事件进行评论，向大众推广包括存在主义在内的先进思想。令人遗憾的是，杂志主编那一栏，只有萨特的名字。但不管怎么样，他们二人早已名声在外。

1946年，波伏瓦推出了长篇小说《人都是要死的》，引发了战后人们对存在主义的大辩论。她连同萨特、加缪一起，把存在主义文学发展起来，形成一种席卷全球的文学浪潮。由此，波伏瓦也一跃成为最当红的作家和最受关注的哲学家之一。在法国，人们在咖啡馆会一直盯着波伏瓦和萨特看，摄影师也喜欢拍摄他们；在美国，他们受邀为《时尚》《时尚芭莎》《大西洋月刊》拍摄封面——两位哲学家成了时尚偶像。

1947年，波伏瓦受邀去美国进行巡回演讲。在那里，她惊讶地发现，美国的未婚女性并没有受到足够的尊重。她在《波伏瓦美国纪行》一书中写道：

> 美国女性着装的女性化程度已经到了夸张的地步，而且往往极尽性感，着实令我震惊。这里的女性杂志，不仅种类比法国的要多出很多，而且有很多关于如何钓到金龟婿的长篇大论。美国的男女之间存在着一种对立情绪，互相不喜欢，也因此在关系中互相争斗。

在这趟美国之行中，波伏瓦认识了一位重要伴侣，作家纳尔逊·阿尔格伦。他们相爱了，阿尔格伦还送给波伏瓦一枚戒指。在彼此陪伴的十几年中，阿尔格伦曾向波伏瓦求婚，可波伏瓦的内心很痛苦。他们一个在美国芝加哥，一个在法国巴黎，无法生活在一起。对此，波伏瓦只能回答：

> 我不能只为幸福和爱活着，我不能放弃在巴黎的写作和工作。

他们还是分开了，但阿尔格伦一直在波伏瓦心里，直到去世下葬的时候，波伏瓦的手上还戴着阿尔格伦送给她的戒指。

在经历爱恋的同时，波伏瓦没有一刻放下过自己的文学创作。在日常的探讨中，她常常问萨特："做一个女人对于我来说意味着什么？"而这个问题的答案，则是1949年首次出版的作品《第二性》。

这部具有划时代意义的作品，使波伏瓦获得了世界性的成功。有社会评论称，《第二性》是"有史以来讨论妇女的最健全、最理智、最有智慧的一本书"，也正因如此，它才有了"女性圣经"的美名，成为西方妇女的必读之书。

书中有这样一段话，现在读来，亦有振聋发聩之感：

> 女人不是天生的，而是后天形成的。
>
> 男人的极大幸运在于，他，不论在成年还是在小时候，必须踏上一条极为艰苦的道路，不过这又是一条最可靠的道路；

女人的不幸则在于被几乎不可抗拒的诱惑包围着；每一种事物都在诱使她走容易走的道路；她不是被要求奋发向上，走自己的路，而是听说只要滑下去，就可以到达极乐的天堂。当她发觉自己被海市蜃楼愚弄时，已经为时太晚，她的力量在失败的冒险中已被耗尽。

《第二性》一出版，就销量惊人，却也招致很多骂名。但人们将会发现，这本书前无古人，将成为公认的经典作品，并将激起政治运动。

波伏瓦与萨特，是公认的"左翼"作家。1955年，波伏瓦和萨特应中国政府之邀，赴华参观访问。在6个星期的时间里，他们走访了中国的多个城市和农村。回国2年后，波伏瓦发表了《长征：中国纪行》一书，她在书中写道：

中国是一部需要耐心才能读完的史诗，从《人的命运》的黑暗日子一直延续到1949年10月1日的天安门城楼上。中国，对我来说，是这次搅翻一切、可以理解的革命，不但是农民和工人不再受剥削，而且还收回了被外国人占领的所有土地。中国政府的建设性努力是很严峻的。所以，理解到建设这一国家未来的按捺不住的力量，又是多么真实啊！

在后半生，波伏瓦和萨特一边写作，一边愈发频繁地参与社会政治活动，他们希望利用自己的影响力，去帮助别人发声。他们还是会和不同的人恋爱，甚至会因为爱情而嫉妒、痛苦，但他们从未分离。萨特在一次采访中曾说道：

> 我们彼此相爱，但不是以一般人所理解的方式相爱。我们爱上了彼此的直觉、想象力、创造力、观念，并最终有一段时间也爱上了彼此的身体，但就像一个人不能主导另一个人的思想那样，一个人也不能主宰另一个人的品位、梦想和希望。
>
> 你知道吗？如果没有波伏瓦的批准，我永远不会允许我的任何作品发表，甚至公开给任何人。

萨特和波伏瓦的关系，就像是人们常说的"灵魂伴侣"。他们相知相依数十年，一直遵从当初的约定。

进入20世纪70年代后，萨特的身体状况越来越糟，波伏瓦一直在照料他。1980年4月15日，萨特去世。这对波伏瓦来说，无疑是生命中最大的一次打击。

1986年4月14日，也就是萨特去世6周年的前一天，波伏瓦也因肺水肿和并发症去世，享年78岁。她陪伴在萨特身边，长眠于巴黎的蒙帕纳斯公墓。

在过去的一个世纪，波伏瓦是最具影响力的学者和作家之一。起初，大家更多关心的，是她和萨特的感情，还有围绕她的八卦消息。但随着时间的推移，波伏瓦的《第二性》和女性主义思想成了不可替代的时代产物。直至今天，《第二性》依然是知识女性的必读书目，因为即便已经过去了70年，其中对现实世界的真知灼见依然不过时。她的存在主义理论和女性主义观念，都奠定了她崇高的历史地位。

波伏瓦的人生经历,是她的存在主义哲学密不可分的一部分,履践着她独立、自由的梦想。她和萨特的爱情契约、奇妙的终身伴侣关系,甚至比他们的著作更具有思想上的代表性。他们的故事告诉这世间所有的人,自由与爱,原来也能以这种独特的方式存在。

居里夫人
一个时代配不上她的女科学家

爱因斯坦说过:"在所有的世界著名人物当中,玛丽·居里是唯一没有被盛名宠坏的人。"

玛丽亚·斯克沃多夫斯卡·居里,也就是我们熟知的居里夫人,是一位波兰裔法国籍女物理学家、化学家,也是最早获得两项诺贝尔奖的女科学家。在她的指导下,人们第一次将放射性同位素用于癌症治疗。

但这样伟大的科学家,却因为在丈夫去世后与别人相恋,而被辱骂成"波兰荡妇"。即便饱受羞辱,她依然为法国做出了杰出的贡献。

1867年11月7日,玛丽出生在波兰华沙的一个普通教师家庭,是家中5个子女中最小的孩子。在她7岁时,大姐因为斑疹伤寒而病逝;10岁时,母亲又死于肺结核。亲人的去世对玛丽的打击很大,她一度因为患上抑郁症而数次晕厥。

虽然经历着病痛，但玛丽在学习上却非常勤奋刻苦。从上小学开始，她的每门功课都考第一。15 岁时，她更是以荣获金奖章的优异成绩从中学毕业。但在那个年代，华沙并不允许女子上大学，玛丽不得不只身来到华沙西北的乡村做家庭教师，一边工作，一边自修各门功课。直到 1891 年，24 岁的玛丽才在父亲和姐姐的帮助下，前往巴黎大学理学院求学，实现了她上大学的愿望。

玛丽很珍惜这个机会，为了能有更多的学习时间，她租住在学校附近一户人家的阁楼上；为了省灯油，她每晚都会去图书馆看书直到闭馆，每月也只用一两袋煤炭；为了省钱，她吃得很少，甚至因过度营养不良而经常头晕。她冬天经常穿着衣裤睡觉，有时候，她甚至会把屋里所有的报纸和椅子都压在被子上抵御寒冷。

在学业上，玛丽碰到了很大的困难。因为法文不好，她必须花大量的时间恶补，努力跟上巴黎大学的课程进度。尽管条件艰苦，但玛丽仅花了 3 年时间，就分别以第一、第二名的好成绩，拿到了物理和数学两个学士学位。

1894 年初，玛丽在一个关于钢铁的磁性科研项目中，结识了青年科学家皮埃尔·居里。当时，35 岁的皮埃尔已经获得了物理学硕士学位，并且在巴黎大学的物理实验室当助教。4 月的一天，玛丽与皮埃尔在一个朋友家里见面了，这位青年才俊给 27 岁的玛丽留下了非常好的第一印象：

当我走进客厅时，正看见皮埃尔·居里站在朝向阳台的落地窗旁，宛如窗玻璃上镶嵌的一幅画。乍一见他，你会觉得他是一个沉浸在自己思绪之中的梦幻者。他目光清澈，炯炯有神，身材修长，十分潇洒，给我留下了很深的印象。他说话慢条斯理，却又深思熟虑，笑起来既庄重又有生气，让人颇为信赖。

我们交谈起来，很快便谈得十分投机。我们一开始谈的是科学问题，我很乐意问问他的看法。然后，我们便转到共同感兴趣的社会问题和人类的问题。虽然我们国籍不同，但彼此对事物的看法却惊人地相似。

皮埃尔一向羞涩，甚少直接表露自己的感情，但却对玛丽念念不忘，不久便向她求婚了。可没想到，玛丽拒绝了。她对未来还没有计划，不想留在巴黎。暑假时，玛丽回波兰看望父亲，皮埃尔就不断地给她写信：

我斗胆幻想着一桩美事，期盼着我俩能相依相偎地在我们的梦想中度过一生：你报效祖国的梦、我们为人类谋幸福的梦和我们的科学之梦。在上述这些梦中，我认为最后的那个梦是可以实现的。我想说，我们无力去改变社会现状，即使有这种可能的话，我们也不能凭一时的想象去做。我心里清楚，尽管科学领域很狭小，但只要我们脚踏实地，必会有所获的……我心急难耐地建议您十月返回巴黎，如若您今年不回巴黎，我会非常痛苦的。

也许，玛丽被皮埃尔的真诚所打动，回到巴黎后，她和皮埃尔的关系日渐亲密。他们相爱了，他们都觉得再也没有比对方更志同道合的终身伴侣了。

1895年，皮埃尔获得博士学位，然后成为巴黎大学的物理学教授。这一年，他如愿娶到了心爱的玛丽。从此，玛丽被人亲切地称为"居里夫人"。

婚后，玛丽先后完成了大学毕业生的任职考试和关于钢铁的磁性研究。与此同时，她开始研究铀盐的放射性现象。

在实验研究中，玛丽设计了一种测量仪器，不仅能测出某种物质是否存在射线，而且还能测量出射线的强弱程度。她先检验了当时已知的所有化学元素，发现了钍和钍的化合物也具有放射性；接着，在实验中，她集中研究那些有放射性的矿物，并精确地测量元素的放射性强度，发现铀矿里还含有一种放射性更强的元素。

丈夫皮埃尔意识到，妻子的发现至关重要，随即停下了自己关于结晶体的研究，来和她一道研究铀矿里的新元素。

经过几个月的努力，他们从矿石中分离出了一种同铋混合在一起的物质，新元素84号，放射性比铀强400倍。玛丽随后以她的祖国波兰，给新元素命名为"钋"。而没过多久，居里夫妇和同事贝克勒尔又发现了新元素88号，也就是"镭"，其放射性比铀强百万倍。这一发现，颠覆了整个物理学界的观念。

但是，钋和镭这两种物质含量太少，居里夫妇必须分离出足够多、并且质地纯净的镭盐，才算有效。当时，他们一无足够的实验设备，二无购买矿石和开展实验的资金。于是，夫妇俩四处奔走，请求支援，最后得到了奥地利惠赠的1吨铀矿残渣。

接下来的4年，他们在借来的破漏棚屋里，进行了几万次实验，最终从1吨多铀矿残渣里提取出了0.1克的氯化镭。

对镭的发现和证实,震惊了科学界。1903年,英国皇家学会邀请居里夫妇到伦敦讲学,并授予他们皇家学会的最高荣誉——戴维奖章。也正是在这一年年底,居里夫妇和他们的同事贝克勒尔共同被授予诺贝尔物理学奖。

不过,玛丽的得奖之路并不顺利。

起初,诺贝尔奖的提名信中并没有出现玛丽的名字,而发明镭元素的主要功劳,也都被归结于出身贵族世家的同事贝克勒尔,甚至连皮埃尔都被描述成贝克勒尔的助手。但好在当时,居里夫妇已经发表了二三十篇学术论文,其中明明白白地写了:玛丽·居里是主要实验人。

经过皮埃尔的据理力争,玛丽才成为有史以来第一位获得诺贝尔物理学奖的女科学家。但贝克勒尔却在发言中依旧声称:

> 玛丽·居里的贡献是充当了皮埃尔·居里先生的好助手,这有理由让我们相信,上帝造出女人来,是配合男人的最好助手。

在那个工业迅速发展的时代,新发明意味着新行业的诞生。一些要在美国创立制镭业的技师,希望居里夫妇申请这项发明的专利,因为这很可能是一笔丰厚的财富。但是,他们夫妇商议后,却做出了一个令人意想不到的决定:

> 我不想由于我们的发现而取得物质上的利益,因此我们不去领取专利执照,并且将毫无保留地发表我们的研究成果,包括制取镭的技术。若有人对镭感兴趣而向我们请求指导,我们

将详细地给以介绍。这样做，对于制镭业的发展将有很大好处，它可以让制镭业在法国和其他国家自由地发展，让学者和医生能够更好地去应用镭。我们把自己的科研成果看作全人类的共同财富。

接下来，居里夫妇马上进入了新的研究，希望尽快分离出单纯的镭，分析镭元素的性质、测原子量。在这个过程中，玛丽生下了两个女儿。她一方面要做科学研究，一方面又得忍受生育的辛苦，非常疲惫。

可是，上帝并没有因此眷顾她，最可怕的事情降临了。

1906年，玛丽刚生下第二个女儿没多久，一辆疾驰的马车意外夺走了皮埃尔的生命。39岁的玛丽不得不带着两个幼小的孩子，在痛苦中振作起来，继续进行科研事业。当时，法国教育部提出，她可以以科学家遗孀的身份领取国家抚恤金，却被她拒绝了。

这年秋天，她受邀去巴黎大学接任皮埃尔的职务，以副教授的身份开始讲课。要知道，她是巴黎大学有史以来第一位女性教员，也是第一位女性副教授。玛丽不是作为一位遗孀出现的，而是作为一位独立的女科学家。

1911年，玛丽成功地提取出金属镭和钋，并发现了这两种元素的化学性质，她也因此获得了诺贝尔化学奖。这一次，获奖名单上只有她一个人。在演讲中，她简洁地澄清了第一次获奖时所遭受的不公：

关于镭和放射性的研究，完全是我一个人独立完成的。

这是突破性的成就，因为从来没有哪位科学家获得过两个不同领域的诺贝尔奖。但玛丽来不及享受荣誉，因为此时，她的内心正在遭受着一场可怕的灾难。

丈夫皮埃尔去世之后，玛丽处于极度悲痛当中，皮埃尔的学生、小玛丽5岁的物理学家保罗·朗之万，在感情上给了她很大支持，陪她渡过难关。渐渐地，两人相恋了，他们在科学道路上可以很好地支持和理解对方。

可问题是，朗之万是有妇之夫，很早就娶了一个工人的女儿。这位妻子看不起自己的丈夫，嫌弃他贫穷。在一次争吵中，她更是用花瓶打破了朗之万的头。

朗之万为了能和玛丽在一起，在巴黎索邦大学旁边租了一个小房子，被玛丽称为"我们的地方"。朗之万要跟妻子离婚，未遂。他的妻子很生气，说："你可以公开拥有其他情人，我不介意，只有玛丽·居里绝不可以。"

她在搜出了玛丽写给朗之万的情书后，转手就把这些信寄给了法国的媒体。其中一封信，是这样写的：

把我们俩拉合在一起的是一种强烈的本能。你觉不觉得，毁灭一份真挚而深刻的感情，像是令自己珍爱的孩子死去一般？我们眼看着那份感情滋长，有时候毁掉它比失去孩子更加不幸，不是吗？万事万物，不都是从这样的感情来的吗？我认为这是我们所有一切的根源——和谐的工作关系、密切坚贞的友谊、生活的勇气，甚至最美的爱情。

1911年11月4日，巴黎《新闻报》在头版刊登了一则新闻，题为《爱情故事：居里夫人与朗之万教授》。文章开头说：

> 镭之火神秘地温暖了周遭的每一个人，更点燃了不屈不挠、研究其特性的科学家心中的火焰。至于其中一位科学家的妻子儿女，则以泪洗面。

另一份《新闻小报》则找到了朗之万的妻子，并在11月5日的头版刊出报道《实验室传奇：居里夫人与朗之万先生的恋情》。11月6日，《坚持报》又刊出一封《致物理学家X先生的公开信》……那段日子，各大报纸每天的头版几乎都是玛丽的"丑闻"。

更有戏剧性的是，就在11月7日，玛丽接到电报，得知自己再度获得了诺贝尔化学奖。但媒体并没有放过她，还编造出不少谣言。她愤怒地还击，在《时代报》上说道：

> 报纸和大众十分可恶地侵入我的私生活……为此我要采取强力行动，不许再刊登有关我的资料。我有权要求大笔金额的赔偿，这笔钱，我要用在科学上。

这般强硬的态度，带来的是更糟糕的后果。民众开始袭击她的住宅，用石头砸坏她的窗户，声称要杀死她，还有人喊她"外国佬""偷夫贼"，让她滚出法国……玛丽随即多了一个新的称号——"波兰荡妇"。当时，连原本支持玛丽的法国科学家们，也联名写信让她离开法国。

玛丽伤透了心。有人劝她拒绝接受诺贝尔化学奖,但她还是坚强地站起来,在一片谩骂声中去瑞典参加了诺贝尔颁奖典礼。

回到巴黎后,玛丽近乎精神崩溃,住进了医院,开始了长达3年的疗养生活。直到1914年,法国人才终于不再骂玛丽了,因为第一次世界大战爆发了,德国对巴黎的轰炸,让人无暇顾及玛丽的那些所谓"丑闻"。

在残酷的战争面前,玛丽决定以自己的方式去帮助受难的国家和人民。

一开始,她打算把诺贝尔奖牌拿到银行,捐给政府。但是,银行拒绝熔掉奖牌。她便拿出了诺贝尔奖的奖金,购买了战争债券,还为此关掉了实验室。

为了能服务于战争中的国家,玛丽自学了X射线科学与人体解剖学,学会了开车,掌握了基础的汽车机械学。她在汽车上组装了移动X射线仪,并带着女儿艾芙,亲自开到战场前线,给伤兵做X光检查。为了提高救助伤兵的效率,她还对150名妇女进行了培训。

据不完全统计,玛丽的X射线车和放射科战线,救助了上百万法国士兵。可惜的是,她做这一切时,并没有任何防护措施,这也导致她得了白血病。1934年7月4日,玛丽·居里因长期接触放射性物质,死于再生障碍性贫血。

在这一生中,玛丽·居里担任过25个国家的104个荣誉职务,24次获奖。但是,她从来不为名誉所累。她没有多少财产,奖金也分给了助手、穷人,捐给公益组织,而那些奖章,她随手就送给6岁的小女儿当玩具。

更难得的是，玛丽·居里的工作如此繁忙，对两个女儿的教育却极为成功。长女伊雷娜与女婿共同获得诺贝尔化学奖；二女儿艾芙是音乐家、传记作家，二女婿则以联合国儿童基金组织总干事的身份获得诺贝尔和平奖。加上居里夫人与丈夫的诺贝尔物理学奖、化学奖，他们一家6人4次获得诺奖。玛丽的孙辈也都是法国科学界举足轻重的人物，都曾当选法国科学院的院士。

在玛丽的悼念会上，爱因斯坦发表了演讲，盛赞她的伟大人格：

> 我幸运地同居里夫人有二十年崇高而真挚的友谊。我对她伟大的人格愈来愈感到钦佩。她的坚强，她的意志的纯洁，她的律己之严，她的客观，她的公正不阿的判断——所有这一切都难得地集中在一个人的身上。她在任何时候都意识到自己是社会的公仆，她的极端的谦虚，永远不给自满留下任何余地。

玛丽·居里不仅仅是一位伟大的科学家，也是一位伟大的人道主义者和爱国者。她从不计名利，亦不计前嫌。她的所谓"丑闻"，是女性身份的不幸，而不是她的过错。她为世界科学做出了巨大的贡献，而她的人格魅力，也一直光芒灿烂。她的努力，她的成就，会伴随着"居里夫人"这个名字，鼓励一代又一代的女性，奋勇向前。

屠呦呦
拯救百万人的青蒿素之母

2015年10月5日,瑞典卡罗琳医学院宣布,中国药学家屠呦呦女士获得当年的诺贝尔生理学或医学奖,也即是屠呦呦成为中国本土第一位诺贝尔科学类奖项的获得者。

但屠呦呦的荣誉还不止于此。外媒称她为"20世纪最伟大的科学家之一",BBC还将她与居里夫人、爱因斯坦和图灵并列,并高度评价说:

  如果用拯救多少人的生命来衡量伟大程度,那么屠呦呦无疑是史上最伟大的科学家之一!

  当我们提及杰出的科学人物时,毫无疑问,屠呦呦一定会在其中。

如此高的评价,屠呦呦的确当之无愧。要知道,在20世纪六七十年代,我国的医药事业才刚刚起步,与西方发达国家相比有很大差距，但屠呦呦对于青蒿素的研究，依旧完成了质的飞跃。

1930年12月30日，屠呦呦出生在浙江宁波。他们家曾经出过不少高官显贵。她的父亲屠濂规曾经在上海太平洋轮船公司工作；外祖父姚咏白是中华民国首任财政部国库司司长、中央银行常务理事，掌管国库。舅舅姚庆三是我国著名经济学家，担任过上海金城银行总管处分行经理。

屠呦呦是家中唯一的女孩，父母很宠爱她，为她取的名字来自《诗经》里的名句"呦呦鹿鸣，食野之蒿"，寓意美好。不过，谁也没有想到，这个名字会与她未来的事业紧密相连。

15岁那年，屠呦呦就读于宁波私立甬江女中初中部，但是第二年，她就不幸染上了肺结核，被迫终止了学业。在家休养的那段时间，她常常观察父亲开堂坐诊，慢慢地就对医学产生了兴趣。她曾在一篇回忆录里写道：

> 治病救人，带给人新生，这样的善举，很让人感动。

休学2年后，屠呦呦病情好转，随即恢复学业，并在21岁的时候，考上了北京大学医学院药学系，主修生药学专业。那时，中华人民共和国刚刚成立，女大学生可谓少之又少。在专业课程中，她尤其对植物化学、本草学和植物分类学有着极大的兴趣，一有时间就喜欢钻进实验室做研究。

1955年毕业后，屠呦呦被分配到了卫生部直属的中医研究院，也就是现在的中国中医科学院工作。当时她还不知道，此后，她的整个职业生涯都将在这里的中药研究所度过了。

在那个工作条件艰苦、设备奇缺的年代，实验室连基本通风设施都没有，屠呦呦却要长时间地待在实验室内。不仅如此，在实验之余，她还经常要到野外去采集样本。从 1959 年到 1962 年，屠呦呦参加了卫生部举办的中医班，不但掌握了非常多的理论知识，还深入药材公司，向老药工学习中药鉴别及炮制技术。这些经历，给屠呦呦打下了非常坚实的科研基础。

研究工作就是这样平静又乏味，一位名叫李廷钊的宁波同乡却在这段时间里走进了屠呦呦的生活。

李廷钊曾是屠呦呦的高中同学，在屠呦呦考进北京大学医学院的那年，他考上了北京外国语学校，学习外语，后来又前往苏联深造。归国后，李廷钊进入冶金行业，为国家的建设出力。

那时候，李廷钊的姐姐和屠呦呦走得很近，所以李廷钊去探望姐姐时，常常会遇到屠呦呦。两个年轻人，虽然一个是研究中药的，一个是做冶金行业的，却也慢慢地走到了一起。

1963 年，屠呦呦与李廷钊结婚了。不过，这段婚姻虽然美满，但夫妻的角色定位却与常见的婚姻不太一样。屠呦呦诚恳地表示：

> 做科研要耐得住冷板凳。家里的事，我也想井井有条，但我还是不灵光。成家后，买菜、买东西之类的事情，基本上都由我家老李做。

李廷钊则愿意当这个"贤内助"：

生活上，屠呦呦是个实打实的"粗线条"，不太会照顾自己，一心扑在工作上。有一回，她的身份证明找不到了，让同事帮忙找。我打开她的箱子，发现里面的东西放得乱七八糟。哎，能收拾得那么不妥当，完全不像女生。看来，她的生活上，没有我不行啊！

呦呦不擅长做家务，那就我全包吧。呦呦与一般女孩子的兴趣不一样，她是个心胸开阔的人，精力都用在工作上了。

有了丈夫做后盾，屠呦呦得以全身心地投入到工作与科研当中。当时，国际社会最大的事件莫过于越南战争。在这场战争中，疟疾成了"最凶狠的杀手"。仅仅3年时间，因感染疟疾而去世的士兵数量就高达80万人，是战斗减员的4-5倍。而实际上，疟疾也是当时最常见的疾病之一，全球光是记录在册的感染人数就有2亿多，死亡人数则超过百万。

为了解决这一大隐患，越南总理来到中国，请求中国能在控制疟疾方面给予帮助。1967年，在周恩来总理的亲自主持下，第一次全国抗疟药协作会议召开，研制抗疟药成为一个军事科研任务，"523任务"正式开启。不过，这项任务的难度非常大。7个省、市在各地组织筛选了4万多种药物，都没能取得较大的进展。

1969年1月，屠呦呦所在的中药研究所加入了"523任务"，主攻研制抗疟药物。屠呦呦临危受命，成为这个任务的课题组长。对此，她投入了全副身心：

我的知识积累让我意识到，必须从古代文献中寻找解决方案。我开始系统整理古方，从中医药医学本草、地方药志，到中医研究院建院以来的人民来信，还有老大夫的采访记录等等，不放过任何一个机会。最后，我做了2000多张卡片，编出600多种抗疟方药，并以此为基础，尝试从中研制出新药。

屠呦呦先是与其他研究组合作，在小白鼠身上做实验，然后用整理出来的方药做样品，消灭血液里的疟原虫。这个过程是复杂而又辛苦的。很多方药虽然在小白鼠身上初见成效，可当真正下到疟区，用在病人身上时，却没有什么效果。

一直到1971年，试验始终没有成功。屠呦呦用青蒿做试验，不仅疟原虫的抑制率不高，而且效果一次比一次差，有时候，抑制率甚至低于40%。这让她心生绝望，一度放下了青蒿素的研究。怎么办呢？

我反复学习古文献，注意到东晋的医药学家葛洪和明代"药圣"李时珍都有在医书里提及青蒿，证实它有退烧作用。古代医学条件局限性那么大，我们祖先还是得出了这个结论，为什么我们现在做不出来呢？

我发现，最关键的步骤还是提取。古书里说的都是水煎，但青蒿水煎无效。老祖宗为何绞汁？温度太高或者酶解，会不会破坏青蒿的有效成分？

为了验证这一点，我们选择用低熔点的乙醚对青蒿进行低温提取，在试验了很多次之后，药物的疗效确实提高了很多。1971年10月4日，在失败了190次之后，我们用提取出来的

191号样品，分别进行了鼠疟和猴疟的模型实验，抑制率居然达到了100%。成功了！

试验虽然成功了，但这并不能代表临床结果。谁也不知道，用在人身上，效果会如何？屠呦呦说："那个时候所有的工作都停了，药厂也都停了，根本没有谁能配合你的工作。所以我们只能用土法。"

而所谓的土法，就是用7个大水缸装满用乙醚浸泡的青蒿，然后再进行大量的提取工作。那段时间，屠呦呦每天回家，浑身都是酒精味，而大缸中的乙醚，时时发出刺鼻的气味，伤害着科研人员的身体。有一位研究员肺部发现肿块，结果切除了部分气管和肺叶，而另一位研究员更是不幸早早地过世了。屠呦呦也未能幸免，得了中毒性肝炎，饱受病痛折磨。

可即便如此，研究组仍旧要面对很多难题。为了能在疟疾多发之前赶制药物，他们必须进行人体临床试验。身为课题组长的屠呦呦，自是当仁不让，说："我是组长，我有责任第一个试药！"

1972年7月，屠呦呦和两位志愿试药的同事，住进了北京东直门医院，他们和其他身患疟疾的病人都吃了试验药物。所幸，试药结果正如他们所愿，提取的样品没有副作用。

同年11月，整个研究任务又迎来了好消息：抗疟有效单体青蒿素分离成功！此后的3年，在多家单位的通力合作下，关于青蒿素分子立体结构的问题也得到了解决。这一刻，对抗疟疾的科研任务总算有了重大成果！

1979年，国家科委将"国家发明奖"颁给了青蒿素研究组，其中,屠呦呦为第一发明单位的第一发明人。而在1981年10月,世界卫生组织在北京召开国际青蒿素会议,屠呦呦进行了《青蒿素的化学研究》这一报告。从那次会议以后,青蒿素正式被世界所认可。

对屠呦呦来说,青蒿素的研究早已成为她生命中的一部分。即便是在青蒿素大获成功之后,屠呦呦和她的团队依然积极地投入到青蒿素的结构改造研究中。

1973年,他们研制出双氢青蒿素,再获一类新药证书;1999年,他们顺利地推进了双氢青蒿素治疗红斑狼疮的研究;2019年,"青蒿素抗药性"的研究又获得了新的突破……屠呦呦和她的研究伙伴们身体力行地证明着那句话:生命不息,研究不止。

如今,以青蒿素类药物为主的联合疗法,已经成为世界卫生组织推荐的抗疟疾标准疗法,尤其是在疟疾重灾区非洲。根据世界卫生组织统计,自2000年起,撒哈拉以南的非洲地区,约有2.4亿人口受益于青蒿素联合疗法,约有150万人免于死于疟疾。

世界卫生组织非洲区主任莫埃缇谈到了青蒿素的重大作用:"青蒿素的发现让非洲极大受益,相关的药物受到热烈欢迎,它让非洲的防疟工作取得了巨大进步,为近年来非洲人民,尤其是儿童、孕妇死亡率的降低做出了巨大贡献。"

拥有如此显著的研究成效,说屠呦呦誉满天下一点儿也不为过。可是,当初也有人质疑过她的声誉。多年来,屠呦呦一直评不上中科院院士,也与此有关。

2011年,美国最具声望的生物医学奖项"拉斯克奖",准备把临床医学研究奖颁给发明青蒿素的屠呦呦。这个消息一出,很多人都不服气。

"这是集体工作的成果,为什么给她一个人?"

"为什么大奖只颁给她一个人?我也做了重要贡献。"

"青蒿素的研制成功是我国科技工作者集体的荣誉,6家发明单位各有各的创造。"

在当时,这个奖颁给谁,其他参与者都不服气。

另外,不少同事认为,屠呦呦个性太强,不懂集体配合,他们还称其学识不足,没有发表过论文,不够获奖的资格。但他们不知道的是,不发表论文,是"523任务"的保密性质决定的。屠呦呦对这些争议都选择了沉默不言。

为了解决颁奖的难题,拉斯克奖评委会想了一个办法,他们问候选人:"如果你获得了这个奖,那么,你认为还有谁也应该一并获奖呢?"这回,几乎每个候选人都在自己的名字之后写上了"屠呦呦"。

最后,评奖委员会还是把临床医学研究奖颁给了屠呦呦。他们给出的3点评奖依据,为此提供了最佳注解:

1. 谁先把青蒿素带到"523"项目组;
2. 谁提取出有100%抑制力的青蒿素;
3. 谁做了第一个临床试验。

很显然,屠呦呦符合全部条件,她名正言顺地成为中国第一位获得该奖项的药学家。

4年之后,屠呦呦再次获得了国际社会的认可。在2015年12

月 10 日，屠呦呦以中国科学家的身份，从瑞典国王手中领取了诺贝尔生理学或医学奖证书。她在颁奖典礼上说：

> 作为一名中医工作者，我有幸参与了青蒿素的研发工作，但我不是以获得诺贝尔奖为终极目的。我唯一的追求是：抗疟、治病。因此，我不想让对于自己已经没有多大价值的诺贝尔奖，给我的晚年生活带来巨大的困扰、烦恼和质疑。
> 我喜欢宁静，蒿叶一样的宁静。
> 我追求淡泊，蒿花一样的淡泊。
> 我向往正直，蒿茎一样的正直。

作为中华人民共和国成立以后的医药科学家，屠呦呦的主要科研工作虽然是集体协作完成，但是，青蒿素研究中最有开创性的部分是她提出来的，最重要的实验也是她领导完成的。她孜孜不倦地做研究，亲身做临床试验，才终于得到一手数据。所以，不管是赢得拉斯克奖还是诺贝尔生理学或医学奖，她都实至名归。

诺贝尔生理学或医学奖得主约瑟夫·戈尔茨坦说过："生物医学的发展主要通过两种不同的途径，一是发现，二是发明创造。而屠呦呦作为一位植物化学家，却有幸同时通过这两种途径发现青蒿素及其抗疟功效，开创了人类抗疟之路的一个新的里程碑。"

2019 年，建国 70 周年之际，习近平总书记向屠呦呦颁授"共和国勋章"，再次肯定了她的科研价值。她的贡献不仅造福中国，更造福全人类，这让人不禁想起"感动中国"写给她的颁奖辞：

青蒿一握，水二升，浸渍了千多年，直到你出现。为了一个使命，执着于千百次实验。萃取出古老文化的精华，深深植入当代世界，帮人类渡过一劫。呦呦鹿鸣，食野之蒿。今有嘉宾，德音孔昭。

吴健雄
核物理女王，原子弹的助产士

或许有些人不知道，"核物理女王"吴健雄是中国人在物理学的最优秀代表，也是全球最杰出的实验物理学家之一，成就卓越。她曾以非美国籍科学家的身份，参与过研究原子弹的"曼哈顿计划"，还成为美国物理学会历史上第一位女性会长。

在核物理研究领域，吴健雄对 β 衰变的研究更是有着世界性的贡献。因此，她也被人们尊称为"东方居里夫人"和"物理学第一夫人"。

1912 年 5 月 31 日，吴健雄出生在江苏太仓的一户书香门第。父亲吴仲裔是个开明的知识分子，曾先后加入过蔡元培主办的爱国学社和孙中山领导的同盟会，参与过反对袁世凯的斗争。回到家乡后，他创办了明德女子职业补习学校，提倡男女平等的思想。

吴健雄虽然是个女孩，但父亲依然按照族谱里对应的"健"字辈，给她起了"健雄"这个名字，还让她从小和其他兄弟一样读书识字。吴健雄说过:"如果没有父亲的鼓励,现在的我可能在中国某地的小学教书。父亲教我做人要做'大我',而非'小我'。"

15岁那年,吴健雄从苏州市第二女子师范学校毕业。出于对著名学者胡适的崇拜,她前往由胡适担任校长的中国公学听课1年。早前,胡适曾去过她的学校做演讲,主题是《摩登的妇女》,讲妇女应该如何从思想上走出旧的传统。在这次演讲中,年少的吴健雄受益匪浅,心潮澎湃。

来到中国公学后,吴健雄刻苦学习,卓绝的天资引起了胡适的注意。

有一次,胡适在校务会议中说道:"这个学期,我发现班上有一位同学非常出色,每次提问都答得好,习题做得好。我教书这么久,从未遇到有哪个学生能对清朝300年思想史理解得那么透彻。这个女学生可真厉害,我要给她100分。"

同为中国公学讲师的社会学教授马君武说:"我的班上也有一位非常杰出的学生,社会学考了100分。"

历史学教授杨鸿烈也说:"你们的学生不是唯一的好学生,我的班上也有个历史学考100分的好学生。"

这让胡适觉得很惊讶:"奇怪,怎么一下出了这么多全优生?"

3位老师查了一下,原来他们的好学生是同一个人,正是吴健雄。

胡适曾公开表示,自己这一生最得意、最自豪的事情,便是收了吴健雄这个学生。多年后,吴健雄留学美国,胡适在前往哈佛大学做演讲时,还专程去见了吴健雄,勉励她说:"你是很聪明的人,千万要尊重自爱,你未来成就不可限量。希望你能利用在外学习的时间，多阅读国外文章，学习科学，使得自己见识高明，做一个博学的人，对国家人民做出贡献。要知道，凡是一流的科学家都是知识渊博的人，因为他们能够取精而用弘，由博而反约，故能大有成功。"

1930年，吴健雄考入南京国立中央大学。起初，她入读的是数学系，但慢慢地，她却被有关X光、放射性、相对论等方面的书籍深深地吸引住了。于是1年后，她转到了物理学系，开始了毕生所爱的事业。

1934年，毕业后的吴健雄先后在浙江大学和中央研究院工作。后来经导师顾静薇博士推荐，又在叔叔的资助下，她于1936年8月从上海外滩启程，去美国密歇根大学学习光谱学。不过，她在抵达美国后不久就改变了这个计划。

在去密歇根大学报到前，吴健雄去参观了加州大学伯克利分校，而接待她的，正是袁世凯的孙子袁家骝。其实，袁家骝也才刚入读这所学校不过3周，而在这之前，他已经取得了燕京大学物理系硕士学位。袁家骝带吴健雄参观了物理系放射性实验室的回旋加速器。当时，这台加速器的发明者——物理学界巨擘欧内斯特·劳伦斯博士对吴健雄说："你对物理有兴趣，核物理刚刚开始，很有发展；而光谱学是一个比较古老的学科，前途不大，你应该留在伯克利。"

经过认真思考，吴健雄收起了去密歇根的火车票，留在了加州大学伯克利分校就读，成为欧内斯特·劳伦斯的博士研究生。而在这个学习的过程中，她和志同道合的袁家骝相爱了。

相恋6年后，吴健雄和袁家骝举行了婚礼，时间正好是吴健雄30岁生日的前一天。当天拍摄婚礼照片的人，是他们的好友钱学森。

婚后,夫妻俩的生活很是甜蜜。吴健雄曾给朋友通信说:

> 在三个月的共同生活中,我对他了解得更为透彻。他在沉重工作中显现的奉献和爱,赢得了我的尊敬和仰慕。我们狂热地相爱着。

从相恋到结婚的这段时间,也是吴健雄事业突飞猛进的几年。

1938年,吴健雄正式开始进行原子核物理实验,这在当时还是一个全新的领域。第二年,赛格瑞教授指导吴健雄进行实验,研究铀原子核分裂的产物;由于赛格瑞教授中途离开去了纽约,实际上这个"铀原子核裂变产物"的实验是由吴健雄单独完成的。其中有一个成果,便是发现铀原子在出现核裂变时,会产生对中子具有一定吸收性的放射性同位素氙-135,这为后来美国制造原子弹的"曼哈顿计划"奠定了基础。

1940年,吴健雄获得了物理学博士学位,她的学位论文在物理学界最权威的《物理评论》杂志上发表。此时,她已成为核物理学界一颗冉冉升起的新星,顶尖物理学家劳伦斯、赛格瑞和奥本海默等,都认为她是一流的实验物理学家。

只可惜,在那个时代,身为中国女性的吴健雄很难在大学里面谋职,她只能在实验室继续做研究员。直到1943年,吴健雄才终于获得普林斯顿大学物理系有史以来第一个女性教席。

就在吴健雄夫妇在美国大学里潜心做研究时,第二次世界大战已经进入白热化阶段。1942年6月,美国制造原子弹的"曼哈顿计划"正式启动。这个改变了人类历史的科学计划，集合了当时同盟国许多一流的科学家。

可在1944年9月，这一计划却因原子核连锁反应的突然中断而陷入了停滞，研究人员一时找不到中子消失影响核爆炸链式反应的原因。"曼哈顿计划"的领导者、核物理学家奥本海默第一时间就想到了吴健雄，因为她在核分裂方面所掌握的实验知识和经验，是无可替代的。于是，每次开会讨论核分裂及原子弹相关问题时，他就对助手说："去叫吴小姐来参加会议，她知道所有关于中子吸收截面的知识。"

在奥本海默的力荐下，吴健雄正式以一个外籍女科学家的身份，参与了美国最高机密任务。

那时候，吴健雄负责的是最核心、最机密的"原子核分裂反应"工作。后来，她开发出一种能够找回消失中子的装置，推动了原子弹的成功研发。就连奥本海默都亲口承认：

> 如果没有吴博士的工作，原子弹绝无可能这么快就研发出来。

1945年7月16日，人类第一颗原子弹在美国新墨西哥州的一个沙漠中试爆成功，它惊人的威力和巨大的蘑菇云震撼了所有人。3个星期后，两颗原子弹投入日本，直接促成了第二次世界大战的结束。日本无条件投降，中国人民也终于从侵略者的手中解脱了出来。吴健雄也因此被称为"原子弹之母"。只是，吴健雄和许多科学家一样，都具有反思精神，他们相信，生灵涂炭并不是科学研究想要的结果。每每谈起原子弹的摧毁性，吴健雄都很痛心，说："你认为人类真的会这样愚昧地自我毁灭吗？不，不会的。我对人类有信心。我相信有一天我们都会和平共处。"

可是，即便做出如此巨大的贡献，吴健雄仍旧遇到了性别歧视和种族歧视。在原子弹研发的成功篇章里，她被区别对待，不为人所知。直到1992年，哥伦比亚大学在授予她美国理工界最高荣誉"普宾奖"时，这个事实才得以公之于众。而吴健雄也拥有了"第一颗原子弹的助产士"这一称号。

吴健雄的成就越来越广为人知，她陆续获得了很多荣誉和新的工作机会。1948年，她获聘美国物理学会会士；1958年，她获选为普林斯顿大学创校百年来第一位女性荣誉博士，同年，她还当选为第一位华裔美国国家科学院院士。

其实，除了参与原子弹制造的核心科研，吴健雄对科学界更大的贡献，是用实验证实了李政道和杨振宁首次提出的"宇称不守恒定律"。

当时，微观物理学领域有一条颠扑不灭的定理："宇称守恒定律"。但是，理论物理学家杨振宁和李政道却对这条定理产生了怀疑，提出了"宇称不守恒定律"。问题是，提出的理论必须要用实验来证明，否则便是空谈。由于没有一个科学家相信这个新的理论能成立，便没有人愿意去做实验来验证它。四处碰壁后，杨振宁和李政道找到了华人同胞吴健雄。

起初，吴健雄的老师极力阻止她做这种毫无意义的实验，但吴健雄敏锐地意识到，这将是等同于"新大陆"一样的重要发现。

本来吴健雄已经和丈夫袁家骝买好了返回大陆的船票，因为他们离开故乡20多年了，很想回家看看。可当吴健雄接到杨振宁的电话后,立刻退掉了船票,让袁家骝一个人回国,自己孤身一人又回到了纽约。

为了检验宇称是否守恒,吴健雄设计了一个实验。不过,这个实验对技术的要求极高,而且还需要在极低温的环境下才能展开进一步的观察,而想要同时达到这两个条件,就必须去位于华盛顿的美国国家标准局做实验才行。于是,吴健雄只能长期往返于华盛顿和纽约之间,每天只睡4小时。

终于,吴健雄经过反复实验,证实了弱相互作用中的对称不守恒,并由此得出结论:"β衰变的不对称现象"非常明显。

1957年1月15日,她将实验报告整理成论文,寄往《物理评论》杂志。哥伦比亚大学也在当天为这项新的发现举行了一场史无前例的记者会。第二天,《纽约时报》更是在头版报道了吴健雄的实验结果。从这一刻起,传统的"宇称守恒定律"被彻底推翻,整个物理学界为之震惊。

1957年的诺贝尔物理学奖颁给了"宇称不守恒定律"的理论提出者杨振宁和李政道,他们俩成为历史上头两位获得诺贝尔科学奖项的中国人。但令人郁闷的是,用实验证实了这一定律的吴健雄,却没能一同分享这份荣誉。

科学界普遍认为,这与当时社会依然严重的性别歧视有关。许多科学家都公开表达了他们的失望和不满。著名的物理学家杰克·施泰因贝格尔就曾仗义执言:

> 这次的诺贝尔奖没有吴健雄女士,是不公正的。如果没有吴健雄的实验结果,杨、李二人的理论只能是一种构想;如果

没有吴健雄的出现,恐怕这条错误的"宇称守恒定律"将会继续误导世界物理学的研究,从而导致人类探索真相的脚步走向完全错误的方向。她的实验结果改变了这一切。吴健雄应该当之无愧地与他们共享诺贝尔奖。

那时候,吴健雄也听到了很多关于她应该得诺贝尔物理学奖的讨论,但为人低调的她,并没有站出来为自己发声。后来,直到替她发声的杰克·施泰因贝格尔获得了诺贝尔物理学奖,她才在祝贺信中诚恳地说道:

> 像你这样一位近代物理的伟大批评者所给予我的称赞,是比任何我所期望或重视的科学奖更有价值的。我的一生,全然投身于弱相互作用方面的研究,我也乐在其中。尽管我从来没有为了得奖而去做研究工作,但是,当我的工作因为某种原因而被人忽视,依然是深深地伤害了我。

这件事令人遗憾。不过,吴健雄依然全身心投入到科研之中,无怨无悔。在这背后,丈夫袁家骝给予了她很多支持。同样作为一位优秀的物理学家,袁家骝也获得过两项美国科技大奖。在吴健雄投身科学的时候,袁家骝则揽过了照顾家庭的担子,做家务、带孩子,让妻子安心。也是因为生活在这般志同道合又幸福甜蜜的家庭中,吴健雄才能不断做出成绩。

在往后的物理学生涯中,吴健雄突破性地证明了核 β 衰变中矢量流守恒定律;接着,她又写出了物理学经典著作《β 衰变》。接连创造实验物理学历史性突破的吴健雄，在 1975 年当选为美国物理学会会长，被时任美国总统福特授予国家科学勋章。

她拿到了除却诺贝尔奖以外的几乎所有科学类大奖，她既是华人之光，也是女性之光。

遗憾的是，由于种种原因，吴健雄夫妇俩直到 1973 年，才得以一起回到暌违 37 年的祖国，并获得了周恩来总理的亲自接见。1994 年，吴健雄入选中国科学院第一批外籍院士。她的后半生，也为中国的科学与教育事业投入了不少精力。

1997 年 2 月 16 日，吴健雄院士于纽约病逝，享年 85 岁。丈夫袁家骝亲自护送她的骨灰回到祖国大陆，把她安葬在家乡苏州太仓。

相比同时代的女性，吴健雄是幸福的，她的生活简单而又平静，她接受到了最好的教育，又在科研领域中开辟出了自己的一席之地。她是一位物理学天才，把所有的精力都放在了科学研究上，不断突破，不断做出贡献。

诺贝尔物理学奖得主赛格瑞在评价吴健雄时，是这样说的：

> 她是一位世界顶尖的女性实验物理学家，她的意志力和对工作的投身，使人联想到居里夫人，但是她更加地入世、优雅和聪慧。

作为科学家的吴健雄，属于中国，也属于全世界。虽然"华人女性"这个身份让她在职业生涯中受到了一定阻碍，甚至错失了诺贝尔物理学奖，但她的光芒是如此耀眼，照亮了整个科学世界。

图书在版编目（CIP）数据

了不起的女子 / 侯虹斌著 . -- 北京：北京联合出版公司 , 2022.6（2023.9重印）
ISBN 978-7-5596-6098-5

Ⅰ.①了… Ⅱ.①侯 Ⅲ.①女性—名人—列传—世界 Ⅳ.①K818.5

中国版本图书馆CIP数据核字（2022）第049120号

了不起的女子

作　　者：侯虹斌
责任编辑：夏应鹏
出版统筹：慕云五　马海宽
项目监制：慧　木
产品经理：王　鑫
封面设计：陆　璐@Kominskycraper

北京联合出版公司出版
（北京市西城区德外大街83号楼9层　100088）
北京联合天畅文化传播公司发行
文畅阁印刷有限公司印刷　新华书店经销
字数218千字　880毫米×1230毫米　1/32　9.75印张
2022年6月第1版　2023年9月第3次印刷
ISBN 978-7-5596-6098-5
定价：59.00元

版权所有，侵权必究
未经书面许可，不得以任何方式转载、复制、翻印本书部分或全部内容。
本书若有质量问题，请与本公司图书销售中心联系调换。电话：（010）64258472-800